Scret

시크릿
강의 스킬

강의력 향상을 위한 프로 강사들의 노하우

Lecture Skills

시크릿 강의 스킬

강의력 향상을 위한 프로 강사들의 노하우

차례

9　서비스 강의스킬
김소율
- 유통사 서비스 강사 입문하기
- 나의 장점에 집중하여 청중을 주목 시키자
- 서비스 강의의 마무리는, '관계형성'이다
- 컴플레인 교육은 고객과 직원사이의 '변곡점 찾기'다

27　비대면 강의 성공 전략
방지현
- 강사 브랜딩 전략
- 온라인 수업 차별화 전략
- 상담과 강의, 소통 전략 스킬
- 청중과의 완벽한 공감대 형성 스킬
- 강사 스스로에 대한 신뢰가 최고의 강사를 포지셔닝 한다

51　청중 중심의 강의 스킬
오민경
- 그림책으로 스킬업: 독서미술 강사
- 강의의 원천은 끝없이 배움을 즐기는 자세다
- 활동 영역을 확장하라
- 시대의 흐름을 읽고 트렌드를 파악하라
- 함께 해야 오래 간다

83　강사에게 필요한 4가지 기술
유별아
- 두려움을 기회로 전환하기
- '나'다운 강의 스타일 찾기
- 상상을 현실로 만들기
- 청중을 호의적으로 만들기

113 강사 마인드셋 전략
이수진
- ~쟁이, 강사가 되다
- 뒤바꾸어 '장점'보기
- 라이브의 제 맛은 휴머니즘
- 입을 떼는 이유

139 누구나 좋은 강사가 될 수 있다
이알리시아
- 강사는 특별한 사람만 되는 것이 아니다
- '프로수강러'가 되자
- 가족은 최고의 수강생이다
- 진정한 기버(Giver)의 마인드로 임하자
- 눈 맞추고, 대화하고, 공감하자
- 완급 조절은 필수다
- 다시 만나고 싶은 사람으로 기억되자

167 금융경제교육 강의 스킬
임주은
- 강사 데뷔를 위한 준비 스킬 : 강의 분야 찾기
- 쉽고, 재미있게 지식을 전달하는 고급스킬 : 나만의 특별한 콘텐츠 개발
- 강사의 경험은 최고의 재료가 된다
- 강의가 필요한 본질적인 이유를 녹여내자
- 교육 시장에서 인기 강사로 살아남기
- 강의 스킬업(Skill Up)의 마지막 단계: 돈 버는 강사 되기

191 어린이 전문 강의 스킬
최예진
- 자기 PR시대, 지속적인 홍보가 답이다
- 온라인 화상수업으로 전국구 강사가 되어 보자
- 어린이 전문 강사 입문 스킬
- 어린이들에게 인기있는 비결
- 어린이 대상의 수업은 실전이 답이다

207 강의를 매력적으로 만드는 스킬
한똘기
- 학습자 트렌드에 맞는 강의를 기획하라
- OLD함은 오프닝에서 결정된다
- 스치는 스토리가 스며든다: 3스
- 매력적인 강사의 이미지를 갖춰라

225 몰입을 위한 강의 스킬
신윤형
- 하나의 작품으로서 강의하자
- 전략적인 트레이닝으로 연출력과 연기력을 강화하자
- 강사 혼자만 매몰되면 안된다
- 관찰과 관철의 시너지가 바로 몰입이다

서비스 강의 스킬

김소율

유통사 서비스 강사 입문하기
나의 장점에 집중하여 청중을 주목 시키자
서비스 강의의 마무리는 '관계 형성'이다
컴플레인 교육은 고객과 직원사이의 '변곡점 찾기'다

유통사 서비스 강사 입문하기

나의 꿈은 승무원이었다. 승무원 준비 스터디 하던 친구가 서비스강사라는 자격증을 권했고 그렇게 나는 서비스강사 교육을 수료를 하게 되었다. 수료 후, 취업 준비가 1년이 다 되어가자 슬슬 불안하기 시작했고, 동시에 승무원 2차면접에 실패를 맛보게 되었다.

그날 이후, 잡 포털 사이트를 뒤적뒤적 하다가 L사 백화점의 채용 공고를 보게 되었다. 백화점? 백화점은 서비스가 늘 존재하며 승무원과 비슷하게 다양한 고객을 만날 수 있을 것이라는 설레는 마음으로 지원서를 작성하였다.

결과는 합격! 나는 그렇게 2012년 10월 신입사원 교육을 마치고 백화점에 입사하게 되었다. 나에게 처음으로 주어진 직무는 고객만족을 위한 매장의 영업관리 업무였다. 골프, 아웃도어, 여성 브랜드 등 각 담당을 도맡아 직무를 수행하며 하루에도 수없이 많은 고객을 만나게 되었고, 만나는 고객들은 감동을 주는 고객도 있었고, 나의 마음을 상하게 하는 고객도 있었다. 여러 고객을 만나며 고객 응대 부분 및 원활한 대화의 역량을 키울 수 있었다. 어느 날 백화점 오픈 시간에 매장을 둘러보는 중, 고객서비스팀 파트장님이 잠깐 미팅하자며 불렀다. 서비스 강사라는 교육 수료와 자격증에 대해 물어보셨고, 교육 분야에 관심이 있는지도 물어보셨다. 나에게 첫 번째 기회가 찾아온 날이다.

미팅 이후, 3일 만에 고객서비스팀 교육 담당으로 발령이 났고 생각지도 못한 "서비스 리더"라는 직책을 얻게 되었다. 나에게 찾아온 우연한 기회 서비스 리더는 백화점의 꽃이라는 후문이 있을 정도였다. 이 기회를 잘 살리고 싶었다.

　　나는 어릴 적 웅변학원을 2년 정도 다녔으며, 대회에 나가 수상경력도 있었다. 그래서인지 사람들 앞에서도 잘 떨지 않았고, 말하는 것 또한 좋아했기에 나에게 정말 잘 맞는 직무라고 생각했다. 그렇게 기회는 지금까지 다양한 교육생을 만나는 서비스강사로 완성되었다. 나는 그동안 현장에서 만나왔던 고객들의 성향을 정리했다. 그리고 응대했던 내용, 결과를 정리하면서 경험과 경력을 교육 컨텐트로 적립했다.

　　또한, 주어진 기회를 잘 해내고 싶은 마음이 간절했다. 나는 쉴 새 없이 고객들이 만족할 수 있는 서비스를 찾기 위해 타 백화점, 호텔, 유명한 카페, 음식점 다양한 곳을 다녔고 그곳에 발견된 서비스를 벤치 마케팅하기도 했다.

　　나의 이러한 경험들은 매달 전 점포 대상으로 시행되는 "차별화서비스" 아이디어에 채택이 되었고, 전 지점으로 시행되었다. 그 중 고객을 위한 미술 작품 전시회 편의 시설 제공 서비스는 지역신문에 실리기도 하였다. 고객을 위한 서비스 직무 외에 같이 나에게 주어진 또 하나의 미션은 바로 교육력 향상이었다. 이를 위해 인재개발원에 2박 3일 사내강사 교육 스킬 입문교육을 배우고 다양한 교육 협회에 강사님들 교육 직무 스킬을 듣고 배우며 드디어 첫 백화점 입점하는 브랜드 협력 사원 대상 교육을 진행하기도 하였다.

　　첫 단상에 서던 날을 아직도 잊지 못한다. 30명 정도 교육생들의 눈빛은 나를 설레게 했지만, 부담감 또한 무거웠다. 나보다 나이와 고객 경험이 많은 분들 대상으로 교육을 진행해야 된다는 마음이 무거웠지만 첫 강의를 마치고 고생했다는 상사의 말에 긴장과 걱정했던 모든 마음을 안심 할 수 있었다. 백화점의 입문교육 대부분의 내용은 백화점의 근무 수칙, 그리고 오픈, 폐점에 관한 서비스 그리고 간단한 고객 응대 정도이다. 입문 교육을 이수한 협력 사원분들은 두 번째 장기교육이라는 교육을 이수하게 된다. 장기교육은 각 백화점마다 이수 대상이 다르다.

　　　　장기교육은 조금 더 고객 응대 부분에 깊숙하게 들어가는 교육으로 나의 보고 듣고 했던 모든 경험을 하나씩 말 보따리처럼 만들어 풀기 시작했다. 그리고 교육을 진행하면서 협력 사원분들의 입장에서도 생각해 보게 되었다. 하루 종일 다양한 고객과 쉴 새 없이 말을 해야 하는 협력 사원들 대상으로 나는 조금 더 이 시간만큼은 웃고 갈 수 있도록 분위기를 가볍게 만들기 위해 노력했다. 내가 찾은 해결책은 바로, '아이스브레이킹'이었다. 나는 놀이 관련 서적과 관련 동영상을 자주 찾아보며 검색을 했다. 현장에서도 쉽게 진행할 수 있는 손가락, 박수, 표정, 스트레칭을 연구했고 교육 중간중간 삽입하여 재미있게 교육을 진행하였다.

　　　　그렇게 나의 백화점 교육이라는 직무가 하나씩 완성되어갔고, L사 특성상 한 직무를 오랫동안 할 수 있는 부분이 아니기에, 나는 다른 팀으로 발령이 났다. 다른 직무를 갖게 되며 나의 생각을 다시 정리하였다.
'내가 잘하는 것! 내가 좋아하는 것! 내가 성장하는 직업!' 을 선택하기 위해 과감하게 사표를 던졌다. 이런 선택으로 나는 또다시 좋은 기회, H아울렛 서비스 기획 교육 직무로 이직을 하게 되었다. 이직 이후, 나는 목표를 세웠다. 우리나라 유통사 분야 3사를 다 경험해 보겠다고 다짐했고 버킷리스트를 작성하며 마음을 굳게 먹었다. H아울렛 입사와 동시에 나의 교육 스킬은 더 탄탄하게 쌓아질 준비가 되어 있었다. H아울렛에 만난 선배이자 지금은 나의 친구가 된 강사의 강의를 청강한 날, 나에게 많은 변화가 왔다. 그저 주어진 교육 시간이 즐겁고 백화점에서 지켜야 하는 수칙만 잘 전달하면 될 것이라고 생각했던 내 머릿속이 돌덩이가 된 기분이었다.

　　　　그날 보았던 그 강사의 강의는 나와는 느낌이 완전히 달랐다. 성량, 교육의 팩트, 그리고 교육에 대한 즐거움, 무엇보다 교육을 참 맛깔스럽게 진행했다. 집에 가서 메모했던 내용을 하나씩 보면서 생각을 정리했다. 지금 나의 강의를 성장해야 하는 부분을 적어 내려갔고, 내가 잘할 수 있는 교육 콘텐츠를 먼저 변화시키고 발전시켜야 한다는 생각이 뚜렷해졌다. 나는 그날 이후, 강의 스킬 부분을 집중적으로 배우게 되었고 퇴근 후 내가 관심 있는 분야의 온라인 강의를 듣기 시작했다.

다양한 교육을 통해 나는 이미지 컨설팅이라는 분야에 관심이 크다는 것을 알게 되었고, 고객을 응대하는 대상자들로 교육하기 때문에 좀 더 전문적인 교육을 진행할 수 있겠다는 생각이 들었다. 그렇게 나는 2달에 걸쳐 이미지 관련 교육 수료를 하게 되었고 나의 교육때 이를 활용하였다. 이미지 부분을 칭찬도 해드리고, 고객 응대 시 보이는 외적 이미지, 표정, 옷차림, 제스처에 대하여 좀 더 전문성 있게 교육을 진행하였다.

그렇게 하나씩 나의 교육 전문성을 다지면서 이를 뒷받침할 수 있는 전문적인 스피치, 보이스 트레이닝을 통해 신뢰감을 줄 수 있는 목소리를 갖게 되었다. 그렇게 나는 강사라는 직업에 자신감이 생겼고 지금까지 강의를 할 수 있는 동기부여가 만들어 졌다.

이후, 나는 차 안에서 혼자 강의를 읊는 습관이 생겼다. 백화점은 늘 똑같은 강의안으로 몇 년을 진행한다. 하지만 나는 교육 대상에 따라 강의 내용 및 전달을 다르게 하였다. 나는 혼자 운전하는 시간에 나의 머릿속에 생각나는 단어들을 입 밖으로 소리 내본다. 집에 혼자 있는 시간에, 샤워하는 시간에 강의안을 떠올리며 소리 내어 보는 연습을 한다. 이 연습은 내가 강의할 때도 도움이 되었지만 더 크게 도움이 되었던 건 시범 강의할 때 빛을 보게 되었다. 입 밖으로 소리 내는 연습은 내가 내뱉은 그 단어들이 다시 내 귀로 들어오기에 전달해야 할 중요한 단어들을 잊지 않게 된다.

강의를 끝내고 난 후, 내가 전달하지 못한 단어가 있었으면 다시 그 강의안 페이지에 크게 적어 동그라미로 표기해 두었다.그렇게 H아울렛 근무는 나의 교육 스킬 기본기를 탄탄하게 성장시켜준 경험이었다.

강의 횟수는 더 많아졌고, 신입강사 양성 과정 및 새로운 강의 교안을 개발하며 시간을 보내게 되었다. 그러던 중 그렇게 교육이 익숙해질 무렵 평소 가고 싶던 S유통사의 채용공고가 떴다. 나의 세 번째 기회가 찾아온 것이다. 이미 강의안들을 들고 면접을 진행하였다. 결과는 합격! 나는 그렇게 나의 버킷리스트를 완성하였다. 유통사 3사 합격! 우연한 기회는 절실하게 잡아야 한다. 사내 서비스 강사로 진로를 정했다면 지속적으로 원하는 회사의 채용공고를 체크해야 한다. S사에서의 분위기는 기존의 유통사와는 많이 달랐다. S사에서의 첫 시범 강의 후, 나는 A4 한 장 분량으로 피드백을 받았다. 기존의 흐름에 안일해진 탓인지 이 날의 시범 강의는 유독 떨렸고, 실수 또한 많았다. 집에 가면서 이 일이 나에게 맞나 고민하게 되었던 날이었다. 그날 이후, 나는 서비스 관련 서적을 읽기 시작했고 교육에 활용할 수 있는 내용 혹은 암기하고 싶은 부분은 형광펜과 스티커 메모로 표기를 하며 꾸준히 노력하는 습관을 만들었다.

서적을 찾아보면서 서비스 교육도 트렌드가 있다는 것을 알게 되었고 유통사의 서비스는 소비 트렌드와 많은 연관이 있다는 것도 알게 되었다. 그렇게 나는 소비 트렌드와 그에 따른 백화점 고객 응대 스킬, 백화점이 갖춰야 할 기본기에 대한 강의를 더 심도있게 전달하게 되었다. 백화점은 현장 교육이 한 달 10번 내외로 발생한다. 이는 현장에서의 이해도 중요하다는 것을 의미한다. 나는 3사의 환경과 영업, 고객 접점, 교육 업무의 경험을 바탕으로 에피소드, 현장의 환경, 교육대상의 이해가 많은 도움이 되었다.

나는 이렇게 나에게 찾아온 세 번의 기회를 놓치지 않았다. 경험은 나를 가장 잘 표현해 줄 수 있는 값진 교안이라고 생각한다. 그렇기에 어떠한 경험도 좋다. 끊임없이 유통의 환경을 찾아가 벤치마킹 했던, 강의 전 리허설의 연습을 지금까지도 지속하며 노력하는 태도가 지금까지 강의를 할 수 있는 원천이 되지 않았나 싶다.

나의 장점에 집중하여 청중을 주목시키자

자신의 장점을 이야기 해볼까요? 라고 질문하면 우리는 3초 이상 머뭇거린다. 나 역시 그렇게 머뭇거린다. 취준생 혹은 이직을 준비하는 모든 사람들은 자기소개서를 쓸 때 나의 장점을 마주하게 된다. 이직을 세 번을 하면서 나의 장점을 확실하게 알게 되었다. 그리고 사람들에게 가장 많이 들었던 단어를 생각해본다.

첫 번째 목소리!

"어머! 강사님 목소리가 너무 좋으세요"

"소율아! 넌 목소리는 연습하는거니? 톤이 좋다."

교육 중 '혹시 제 목소리 어디선가 들어 보셨나요?'라고 물으면, '기상캐스터요? 라디오진행이요?' 등 나의 엔도르핀이 솟구치는 말들을 많이 듣는다.

나는 목소리가 장점이었다는 사실을 알게 되었고 그때부터 나의 장점에 집중했다. 부족했던 성량과 발음 부분은 전문 선생님의 1:1 코칭을 받으면서 다듬었다. 내 목소리는 하이톤에 가깝다. 하지만 강의할 때만큼은 톤을 낮춘다. 조금 더 청중들을 집중 시키고 나의 전달력을 강화하기 위해서다. 내 목소리는 강의에 발돋움을 많이 주는 편이다.

교육 시작하기전부터 예고를 하듯 목소리를 가다듬는다. 마치 "저는 강사입니다." 라는 제2의 명함을 보여주는 것과 비슷하다. 한 명씩 들어오는 교육 대상자에게 나는 아주 신뢰감이 드는 목소리를 장착하여 빠짐없이 인사를 건넨다. 그리고, 시작을 알릴 때에는 조금은 리드감 있는 스피치로 목소리를 덧대운다. "자! 교육 시작해도 괜찮을까요?" 청중을 주목 시킨다.

그렇게 장점을 최대한 활용하며 강사 직업에 도움을 줄 수 있도록 노력한다. 교육이 점차 무르익어 갈 때쯤 나의 목소리가 자장가처럼 들릴 수 있는 사실을 알기에, 교육 중간 부분은 또 다시 목소리를 다음 스텝으로 옮겨본다. 나는 교육 중간은 마치 연극을 하듯 속삭이기도 하고, 성대모사를 하기도 하며, 성량을 200%로 크게 외치기도 한다. 마치 교육안에 연극이 있는 듯한 강의로 이끌어 간다.

또한, 리액션은 큰 목소리로 한다. 가끔 주위 사람들은 깜짝 깜짝 놀라기도 한다. 나의 목소리 톤과 아~음~오~예~ 추임새가 곁들여지면 완벽한 한 편의 강의가 완성된다. 그렇게 나의 장점인 목소리를 활용하며 교육에 재미를 준다.

두 번째, 경험담!
서비스 현장 경험과 유통 3사의 이야기! 나의 자랑이자, 자부심이기도 한 나의 경험담을 풀어낸다. 취업 준비를 하면서 다양한 서비스 아르바이트(안내, 행사진행, 패스트푸드점, 마트) 등 경험을 최대한 끌어온다. 나의 유통 3사의 경험담은 많은 이들이 공감하고 귀 기울인다. 이렇게 나의 경험담을 두 번째 장점으로 배치해 교육 진행 시 많은 도움을 받는다. 교안을 주저리 읽기보다는, 실제 응대했던 고객 위주로 이야기를 풀어가며 그들의 또 하나의 힐링 같은 시간을 만들어 주고자 노력한다.
나의 경험담 이야기를 곁들이며 핵심 메시지를 전달하면 시간도 빠르게 가고, 다소 딱딱한 분위기가 흥미유발 긍정적 효과로 청중들과 편안한 관계를 형성할 수 있다.

다소 딱딱하다고 생각이 드는 서비스 강사의 이미지를 이 시간만큼은 탈피하고자 하는 나의 작은 소망이 내포되어 있기도 한다. 강의는 각자의 스타일이 있다. 또 각각의 분야에 따른 강사의 이미지가 있다. 그렇기에 나의 스타일과 이미지를 만드는 것 또한 큰 장점이 될 수 있다. 나는 늘 반전의 강사가 되고 싶다는 바람을 갖고 있다. 마치 여우지만, 뒤집어 보면 원숭이와 같은 강사가 되고 싶다. 이와 같은 상상을 하며 나의 장점을 장착하고 교육장으로 들어간다.

서비스 강의의 마무리는, '관계 형성'이다

　　백화점 강사 특성상 점포에 한 명 혹은 두 세명이 근무한다. 이점 또한 백화점마다 다르기도 하다. 하지만 중요한 사실은 교육했던 교육생 즉 협력사원분들은 짧게는 3일 길게는 5년 넘게 만나게 된다는 사실이다. 그렇기에 교육 마무리는 꼭! 관계 형성을 하려고 한다. 모든 교육에서는 관계 형성이 중요하다. 이는 즉, 양방향으로 소통 혹은 전달이 잘 되었다는 하나의 결과이기도 하다.
　　또한 다음 교육시에도 이 관계형성은 많은 도움이 된다. 즉, 나의 교육에 대한 집중도와 신뢰 그리고 나의 이미지가 형성이 된다는 사실이다.

　　크게 백화점은 입문/장기 교육으로 나눠진다. 특히, 입문교육 경우 팝업으로 들어오는 단기 직원분들이 대다수이기에 관계 형성을 맺는 게 쉽지는 않다. 교육 내용이 다소 짧고 간단한 고객응대 부분이 포함이 되어 있기도 하지만, 대부분 백화점 기본 근무 수칙을 많이 다룬다. 교육 대상자들이 다 아는 내용일수도 있고 다소 지루한 교육일지도 모른다. 그래서 입문교육 시에는 강사의 이름, 교육생의 이름을 예시로 이야기하며 교육을 진행한다.
　　예를 들어 "김소율이라는 고객이…", "홍길동이라는 직원이…" 등 이름을 자주 활용하면서 그들과 짧은 시간 소통을 하려고 한다. 이러한 방법은 교육 종료 후 매장에서 만났을 때 인사를 건넬 수 있는 내적 친밀감과 관계형성에 초점이 맞춰진다. 이름을 암기하고 불려지는 작은 사소한 부분에서부터 우리는 관계형성을 할 수 있다는 것을 제시한다. 단시간 교육이 아닌 장시간으로 진행되는 교육에서는 지속적인 관계형성이 더 매끄럽게 이어질 수 있도록 더 집중하기도 한다.

현장 교육 시에는 현장근무 (매장 순회) 하는 시간에 그 브랜드에 손님으로 방문하거나 멀리서 바라보기도 한다. 교육생분들의 직책을 확인한 후 교육을 진행한다. 직책, 직급 별로 특징이 있기 때문에 이렇게 사전에 확인 후 진행했을 때 관계 형성에 도움이 된다.

교육 마무리에 관계 형성이 잘 되었다는 것은 소통이 많이 이뤄졌다는 의미를 지닌다. 그렇기에 교육생들의 의견을 표출할 수 있는 시간을 자주 주면서 동시에 공유하고 싶은 내용은 내가 직접 공유하며 교육생들을 교육에 참여시켜 관계를 개선하고, 발전 시킨다.

이야기를 통해 많은 교육생이 공감할 수 있으며 칭찬 또한 아낌없이 주는 시간으로 강의를 끌고 나간다. 그렇게 진행된 강의 속에 최대한 한 분 한 분과 대화를 진행할 수 있도록 노력한다.

컴플레인 교육은 고객과 직원 사이의 '변곡점 찾기'다

　　　　서비스 교육에 빠질 수 없는 교육은 컴플레인 예방 교육 또는 컴플레인 고객응대 교육이다. 교안을 만들면서도 늘 어렵다. 교육생들과 교육 진행 시에는 컴플레인 상황에 대한 이해와 세심한 고객 응대가 필요하다는 것을 그들에게 와닿을 수 있게 전달하는 것이 팩트이다. 이 부분을 늘 고민을 하던 중, 우연히 출근길 직원용 엘리베이터에 협력사원분들의 대화를 듣게 되었다.
　　　　"구매 잘 하고 가셨는데.. VOC에 불만 글을 올렸다니깐…" 이해할 수 없다는 말을 듣게 되었다. 그 순간 우리 직원과 고객과의 눈에 보이지 않았던 서비스의 변곡점이 발생되었다는 것을 직감했다. 즉 고객과 직원 사이 서비스 응대 부분 변화된 변곡점이 발생한다는 것이다.
변곡점이란 사전적인 의미로, 곡선에서 오목한 모양이 바뀌는 점을 의미한다. 순탄하게 고객 응대가 진행되었고 판매까지 이뤄졌는데 대체 어느 포인트에서 굴곡으로 바뀌면서 고객은 감정이 상해서 컴플레인이 발생 되었는지 그리고 어떠한 심정으로 고객의소리(VOC)를 작성했는지 생각하며 읽고 또 읽는다. 그렇게 고객의 소리를 고객 입장에서 읽어보고 이해한 후, 직접 응대했던 직원분을 찾아가서 이야기를 해 본다. .
　　　　만일 직원분의 부재거나, 매장이 바쁠 경우 현장 교육 당일 교육안을 펼쳐 교육을 진행하기 보단 그날의 상황을 직원분의 입장에서 직접 들어 보려고 한다. 막연하게 고객의 글에만 치중하여 교육안을 작성하기보다는 각각의 입장을 경청해보고 생각했던 시점이 달라졌던 변곡점을 찾아 변화된 시점을 위주로 컴플레인 교육을 진행한다.
　　　　백화점은 컴플레인 현장교육이 자주 있다. 컴플레인 교육은 강사에게나 교육생에게 불편한 교육이다. 이러한 불편함은 사내 강사가 이겨내야 하는 부분이다. 그리고 나는 그들의 불편한 마음을 인지하고 토닥임을 주고자, 그 날의 상황에 대해 최대한 직원이 많은 말을 할 수 있도록 질문하고 경청한다. 그렇게 컴플레인 교육은 대화 형식으로 진행하며 고객의 소리(VOC)를 살짝 내민다. 그리고 직원과 고객의 생각이 어떻게 달랐는지, 그리고 어느 부분에서 서로 다른 감정으로 바라보게 되었는지를 이야기한다. 그렇게 컴플레인 상황을 중점으로 바라보며 찾았던 변곡점에 맞게 교육 주제를 선정한다.

    이렇게 컴플레인 현장 교육을 진행하면서 직원들과 더 심도 있는 관계 형성을 만들 수 있었고 그날의 힘든 상황을 조금이나마 이해할 수 있었다.

    하루는 매장 세 명의 직원과 컴플레인 교육을 진행하는 날이였다. 이날도 역시 고객의 입장을 이해한 후 매장으로 방문 하였다. 그날의 상황에 대해 정중하게 몇 가지 궁금한 부분을 확인했다. 그들은 나에게 쉬지 않고 이야기를 쏟아냈다. 그 순간 내가 생각했던 부분 그리고 고객이 생각했던 부분이 차이가 있다는 걸 느꼈고, 나는 먼저 그들의 마음을 공감하며 그들의 마음을 위로하였다. 이들은 눈물을 훔쳤다. 이날은 컴플레인이 서비스 개선에 중요한 역할도 하지만, 때론 날카로운 칼날처럼 상처가 될 수 있다는 생각을 하였다.

    이후 나는 일회적인 전달 중심의 컴플레인 교육이 아니라, 고객 접점에 있는 직원들을 이해하는 척도로 활용했다. 그리고 그들에게 쉬운 솔루션 코칭으로 세 번 정도는 그 매장을 방문하며 소통하고 교육했다.

    나는 현장 교육에서 변곡점을 찾지 못한 날은 교육하지 않고 막연히 직원들의 이야기만 듣고 온다. 그리고 다시 변곡점을 찾은 다음, 찾아가 교육을 진행한다. 왜냐하면, 그들에게 정말 필요한 교육을 하고, 그들을 공감하는 것이 컴플레인 교육의 핵심이기 때문이다.

    우리 모두가 이해할 수 있는 컴플레인 상황을 이야기하며 해결 할 수 있는 방안과 문제점을 바라보며 미흡한 부분을 노력할 수 있게 도와주는 것 역시 백화점 사내강사의 직무라고 생각한다.

그렇게 관계 형성이 되어 머리속으로 이해할 수 있는 교육을 진행했다면 그날은 성공적인 컴플레인 현장교육이라고 말할 수 있다. 현장은 늘 컴플레인이 발생한다. 내가 현장에서 근무할 때 마주했던 컴플레인의 경험은, 현장에서 옳고 그름을 이야기하는 강의가 아닌 환경과 직원의 성향에 맞는 솔루션을 제시할 수 있는 재산 같은 존재다.

우리는 컴플레인을 당연하게 받아드리면 안된다. 발생했던 시점의 굴곡이 생겼던 변곡점을 찾아 이해하고 자세히 들여다보는 연습을 해야 한다. 그렇게 자세히 관찰하며 교육·코칭의 흐름을 이끌 수 있어야 한다.

에필로그

누구나 시작은 처음이다. 물론 특별히 말의 구사능력이 뛰어나는 사람이어서 시작이 처음 같지 않은 분도 있겠지만, 일반적으로 서비스강사로 입문하는 분들에게 다소 미미하지만 조금이나마 도움이 되고자 나의 강사 기록을 거슬러 올라가며 정리해서 담아 보았다. 나는 서비스 강사가 되겠다는 생각을 처음부터 뚜렷하게 한 적은 없었으며, 심지어 이 일을 지금까지 해낼 거라는 생각도 꿈꾸지 않았다. 그저 사람들을 만나는 것이 두렵지 않았던 성향과 처음 취업 관문을 통과한 유통의 근무 환경이 내 성향과 잘 맞았다. 백화점의 화려함과 주말의 북적거리는 소리는 생동감으로 느껴졌고, 우연히 찾아오는 기회들이 설레고 재미있었다. 그렇게 시작하여 유통 3사를 경험할 수 있었다.

좋은 기회들은 누구에게나 찾아 올 수 있기에 틈틈이 준비하면서 나의 장점을 부각하는 방법을 찾아내고 깨달아가면서 정면 승부로 도전했기에 지금의 유통의 서비스 강사가 될 수 있었던 뿌리가 만들어졌다.

세 번의 이직과 수많은 사람들과 소통하면서 유통의 서비스강사로 전문성을 갖게 되었다. 극히 나의 주관적인 내용들이 대부분이지만 단 한 분이라도 유통의 서비스 강사의 도전에 도움이 되고 자신감 향상이 된다면, 이 또한 내게는 굉장한 기쁨이자 보람된 경험이 될 것이다. 이 글을 작성한 나를 포함하여 이 글을 읽는 모두가 성장하길 바래본다.

저자 소개

김소율 | 서비스 강의 스킬
서비스, 소통, 스피치, 라이브커머스, 이미지 메이킹

L백화점·H아울렛·S백화점 서비스 기획 및 CS강사
CS강사 1급
스피치지도사 1급
서비스, 스피치, 컴플레인 고객 응대법 교육
라이브커머스 쇼호스트

이메일 soyoula07@naver.com
인스타그램 sso_youl_a

현재 유통분야 서비스강사로서 서비스마인드, 서비스코칭, 컴플레인 고객 응대 코칭, 직장내 소통 코칭, 직장인 리더쉽, 직장인 스피치, 프레젠테이션, 이미지메이킹, 강의 교안 기획 등의 교육을 진행하고 있다. 또한 라이브커머스 주부 쇼호스트 방송 활동을 하고 있다.

L사 백화점 (영업관리, 서비스리더), H아울렛 (서비스기획/ 교육담당), S사 백화점 서비스교육 강사 업무를 진행하였으며 유통의 고객만족 서비스 기획 및 서비스 교육 콘텐츠 개발을 진행하였다.

유통 기업의 서비스 개선이 필요한 고객접점 서비스 교육 운영 및 다양한 서비스 트렌드 교육 콘텐츠 개발을 위해 힘쓰고 있다. 더 나아가, 사람들과의 원만한 소통 코칭을 위한 심리학의 배움을 이어 나갈 것이다.

NOTE

Secret Lecture Skills

비대면 강의 성공 전략

방지현

강사 브랜딩 전략
온라인 수업 차별화 전략
상담과 강의, 소통 전략 스킬
청중과의 완벽한 공감대 형성 스킬
강사 스스로에 대한 신뢰가 최고의 강사를 포지셔닝 한다

강사 브랜딩 전략

"코로나는 위기가 아닌 새로운 수익 창출의 기회"
2019년 중국에서 '우한폐렴'이 생겼다고 했을 때도 나는 이 무서운 바이러스가 전 세계를 집어먹을 거라고는 단 한 번도 생각해 보지 않았다. 누구나 다 그랬듯이.

코로나는 전 세계를 향해서 엄청난 속도로 퍼져 갔고, 세계는 예측 하지 못했던 이 기이한 바이러스에 속수무책으로 당했다. 2020년 3월, 대한민국 아니 전 세계의 학교들이 휴교를 시작했다. 모든 학교들은 등교를 무기한 연기하였다. 학원이 문을 닫고, 거리에는 한동안 사람들이 없었다. 대학과 경제연구원, 기업체에서 영어를 강의하던 나는 3월, 내 통장에 0원이 찍히는 경험을 하였다. 학교는 모두 문을 닫고, 학생들은 집에서 인터넷 강의로 수업을 대체하였다. 줌(ZOOM)이라는 화상회의 시스템을 통해서 다들 어색하게 컴퓨터 화면 안에서 만났다. 20년 영어교육을 해 온 나는 하루아침에 백수가 된 것이다. 영어뿐만 아니라 모든 배울 수 있는 과목의 학원들과 거리에 크고 작은 상점들은 최대 위기를 맞았다.

코로나 속에서 할 수 있는 것은 아무 것도 없었다. 불안해하면서 두려움에 떨고, 사람들을 최대한 안 만나면서 집에 꼭 꼭 숨어야 하는 것. 그게 인류가 할 수 있는 최선이었다.

모든 강의가 멈춰진 상태에서 회사원들조차 미래가 불투명했다. 다행인지 불행인지 학교가 문을 닫아버리자 학부모들이 불안해하기 시작했다. 단순히 인터넷 강의나 공영 교육방송으로는 충족할 수 없으니까 1:1 과외를 노리기 시작했다. 과외 시장은 결코 만만치 않았다. 코로나 이전부터 과외를 '직업'으로 하던 전문 과외교사 들이 이미 선점해 있는 상태이다. 나는 다양한 플랫폼들 사이에서 가장 유명하다는 사이트 한 곳에 프로필을 적기 시작했다. 가능한 꼼꼼하게, 내가 했던 모든 작업들을 중요한 순서대로 나열하고. 업무의 강도가 높거나 중요한 프로젝트는 좀 더 강조해서 작성했다. 그리고 나는 1회 무료 수업을 할 수 있다고 홍보하였다.

"무료 수업을 이렇게나 오래 해 주시나요? 정말 진짜 감사합니다."

그렇게 조이 EDU는 탄생되었다. 한 번도 내 교육업체를 운영해 보겠다고 생각 못했던 내가 생각이 바뀌기 시작한 것이다. 20년 넘는 교육 전문성, 원어민 교사 트레이너, 통역 면접관, 영어 스피치 심사 위원 등 굵직굵직한 프로젝트, 책 집필, 다양한 온라인 강의 촬영, 전형적인 한국 교육파-20년 동안 무작정 일만 했었는데, 처음으로 나의 본질에 대해서 묻기 시작했다. 영어 교육에서 내가 만들어 낼 수 있는 '나만의 색깔, 브랜딩'을 본격적으로 찾기 시작했다. 질문에 대한 답이 명쾌해 질수록 내 홈페이지가 조금씩 다듬어졌다. 그리고 진행했던 무료 수업의 피드백을 올렸다. 당연히 이미 리뷰가 많은 기존의 전문과외 강사들과는 한참 차이가 났다. 하지만, 꾸준히 업데이트를 하면서 수정을 하고 기다렸다.

그 리뷰를 보고, 내 커리큘럼과 이력을 보고 먼저 연락을 한 것은 해외 대학생, 국제유학생들이었다. 한국과 마찬가지로 무서운 코로나 때문에 모두 배움의 기회가 끊긴 것이다. 그 학생들과 나는 줌(ZOOM) 이라는 프로그램을 사용하기 시작했다. 1명이 기본인 인텐시브 클래스부터 최대 8명까지 움직이는 그룹 클래스가 컴퓨터 안에서 시작된 것이다.

온라인 수업 차별화 전략

온라인 수업의 특별함과 차별화 강화를 위한 9가지 팁을 공개해 본다.

1. 인간적인 연결을 형성한다.

RAPPORT 는 정말 무조건 가져야 할 조건이다.

첫 상담에서 학생들과의 인간적인 연결을 형성하는 것이 중요하다. 대화를 통해 학생들의 관심사와 목표를 파악하고, 그들이 쉽게 이해할 수 있는 맞춤형 수업을 제공해야 한다. 당연한 말이겠지만, 이 당연한 것을 충족하지 못해서 오는 학생들이 상당수다 .이를 통해 학생들은 나에 대한 신뢰감을 높이고, 수업을 진행하는 데 적극적으로 참여하였다.

2. 명확하고 구체적인 목표를 설정해야 한다.

학생들은 영어를 배우는 목적이 모두 다르다. 첫 상담에서는 학생들의 목적을 파악하고, 그에 따른 명확하고 구체적인 목표를 설정한다. 이 목표가 정해지면, 학생과 함께 '학습 플래너, 노트'를 작성한다. 학생들은 영어를 배우는 데 있어 구체적인 계획과 단계적인 지도가 필요하다. 예컨대, 하루 단어 (　　)개, 일기 쓰기 몇 줄 쓰기 -하루 달성할 수 있는 공부 목표를 숫자화로 나타낼수록 아웃풋은 더 효과적이게 될 수 있다.

나는 학생들에게 학습 계획서를 1일, 1주일, 1달 단위로 작성해 준다. 학습계획서를 통해 학생들은 자신의 학습 진행 상황을 파악하고, 필요한 부분을 해결해 갈 수 있다. 이것이 진정한 영어 수업이고 함께 성장할 수 있는 방법이다.

3. 학생들에게 적극적으로 피드백을 제공해야 한다.

'학생에 대한 피드백이 매 수업마다 나오지 않으면 그 수업은 무조건 잘못 된 것이다.' 라는 생각으로 피드백에 집중해야 한다. 수업에서 학생들이 진행한 활동과 과제를 평가하여, 자세한 피드백을 제공해야 한다. 음성 녹음, 사진, 텍스트, 책, 인터넷 링크 등 활용할 수 있는 모든 방법을 동원해서 진심으로 피드백을 해 주어야 한다. 학생들은 피드백을 통해 자신의 문제점을 파악하고, 보완할 수 있는 방법을 찾을 수 있다. 그런 과정 속에서 학생과 학부모는 전적으로 강사인 '나'를 신뢰한다. 신뢰가 높아질수록 학생의 결과는 바로 긍정적으로 나타날 수 있다.

4. 학생들의 관심사와 취미를 활용한다.

학생들의 관심사와 취미를 파악하라. 고객을 끌어당기기 위한 당연한 이야기지만, 마케팅, 영업 관리에서는 현실적으로 이 부분이 잘 이뤄지지 않고 있다. 나는 학생의 취미, 기본적인 과목 평균, 장래 희망, 고민 등을 내 공책에 다 기록한다. 공부가 안 되는 슬럼프가 오거나, 방황을 할 때는 선생님 이전에 그들의 마음의 소리를 듣는 친구가 되어 주면 된다.

내 학생이 무엇을 좋아하는지 조차 모르는 교사나 강사는 지식을 전달하는 AI 와 무엇이 다를까? 학생의 개인적인 생활패턴이나 선호도를 이미 알고 있다면, 공부에 대한 문제 해결은 오히려 쉽게 접근할 수 있다. 사람은 똑같다. 누구나 '내 얘기'에 관심 갖고 귀 기울여 주는 사람에게 끌리게 되어 있다. 무서운 카리스마가 있지만, 학생들이 나이를 떠나서 나를 따르는 것은 그들의 이야기에 경청하고 공감해 주기 때문이다.

5. 학생들과 '찐' 소통하기

상담 과정에서 학생들의 요구와 필요에 대해 귀 기울이고, 상황에 맞게 최선의 방법을 찾기 위해 자세히 들어주어야 한다. 때로는 학생들이 쓰는 줄임말, 속어도 쓸 줄 알아야 하고, 그들의 눈높이에 맞게 대화하는 것이 중요하다. '나는 선생님이니까…….' 이런 태도는 가장 위험한 행동 중에 하나다. 학생들이 질문하거나 문제를 제기할 때, 가능한 빠르게 대응하고 명확하게 대답해 주어야 한다. 실패를 하면 격려와 자신감을 주고, 성공을 했다면 아낌없이 칭찬해야 한다. 학생이 내 편, 슈퍼 팬이 되는 순간이다.

나의 카톡에는 10, 20대가 쓰는 줄임말부터 은어, 유머짤 등이 넘쳐난다. 모두 내 학생들과 소통한 흔적이다. "숙제 왜 안했니?"라고 묻는 것과 "오, 목숨이 제법 많구나. 숙제도 안 해 올 줄 알고."의 대화, 여러분이라면 어떤 대화에 끌릴까? 숙제를 안 해오고, 시험을 못 보고 ……. 제일 괴로운 것은 나도 아니고 학부모도 아니고 학생 '자신'임을 잊지 말자. 자극하지 말고 격려하고 응원하는 지식 전달 멘토가 되어야 한다.

6. 개인적인 연락처 제공을 한다.

강사는 학생들에게 개인적인 연락처를 제공하여, 언제든지 질문이나 문제를 해결할 수 있도록 해야 한다. 이를 통해 학생들은 강사와의 커뮤니케이션을 원활하게 유지할 수 있으며, 강사도 학생들의 질문에 빠르게 대응할 수 있게 된다. 나는 수업을 하고 있거나 강의 촬영을 하고 있을 때는 휴대폰을 무음으로 해 놓는다. 모든 일과를 마친 후에 밀린 피드백과 답글을 쓰는 것도 내 일상 루틴 중의 하나이다. 단순한 1회성 답변 글이 아닌 음성을 녹음해서 피드백을 주기도 하고, 정리된 파일을 주기도 한다. 뭐가 틀렸는지, 어떻게 해결해야 하는지, 영어 스피치를 어떻게 해야 하는지에 대한 정보를 넘치도록 주면, 늦게 답이 온 서운함은 금세 잊어버린다. '아, 이 선생님이 나를 이토록 생각하는구나.'라는 감사함이 대신 자리 잡게 된다.

7. 학습 동기 부여를 학생에게 늘 심어줘야 한다.

가장 중요한 것 중의 하나인 '동기 부여' 사실 영어를 그토록 오랜 시간 배웠음에도 불구하고 못하는 이유는 '왜'가 없거나 간절하지 않기 때문이다. 영어 이전에 '왜 공부를 해야 하는지, 내가 살면서 공부를 통해서 어떻게 성장할 것인지'를 먼저 질문해 보아라. 나의 어릴 적 시절, 공부했던 방법, 슬럼프 극복 방법 등 인간미 풍기는 에피소드는 더욱더 돈독한 관계를 형성 시킨다. 정말 최고의 강사는 무작정 지식을 주입하는 사람이 아니라 그것을 좀 더 효과적으로 빠르게 찾을 수 있도록 알려주어야 한다. 옆에서 포기한다고 학생이 말할 때, 손을 잡아 줄 수 있어야 한다. 어디가 결승점인지 모른다고 학생이 말할 때, 결승점을 다시 한 번 알려주고 온 맘 다해서 응원해 주어야 한다.

8. 친절하고 전문적인 태도를 가져야 한다.

강사는 고객과의 대화에서 항상 친절하고 전문적인 태도를 유지해야 한다. 여기서 고객은 학생, 학부모 모두가 해당된다. 이는 고객에게 신뢰감을 줄 뿐 아니라, 강사의 전문성을 인정받을 수 있도록 돕는다. 인자하면서도 카리스마 있고, 수업 중 찾아오는 심심함을 해결하기 위해서 가장 유행하는 유행어, 신조어도 쓸 수 있어야 한다. 웃음을 제공할 에피소드도 갖고 있어야 한다. 수업을 하기 전에 시작-본문-결론까지의 흐름이 작성되어야 한다. 개념을 설명하고 그 뒤에 어떤 예문을 들 것인지, 어떤 과제를 줄 것인지, 어떤 질문을 할 것인지, 머릿속에 다 정리되어 있어야 한다. 내 수업을 제작하는 감독이 되고, 조감독이 되고, 작가가 되고, 스텝이 되어야 한다.

9. 유연한 강의 방식을 제공해야 한다.

학생은 각자의 학습 방식과 선호도가 있다. 강사는 이를 고려하여 유연한 강의 방식을 제공해야 한다. 이를 위해서는 다양한 학습 자료를 활용하고,

학생들의 요구사항에 따라 강의 계획을 조정해야 한다. 줌(ZOOM) 이기 때문에 와이파이의 불안정한 연결, 과부하 걸리거나 기계적인 오류가 날 수 있다. 당황하지 말고, 최대한 어떤 현상이 일어나고 있는지 사진으로 기록해 두자. 그리고 학부모님에게 솔직한 상황을 말하고, 아이에게도 전달한다. 단, 이 때 단발성 연락이 아닌, 수업 못한 부분에 대한 보충과제, 진도를 잘 설명해 주는 것이 필요하다.

상담과 강의, 소통 전략 스킬

영어교육은 대한민국에서 예나 지금이나 가장 화제가 되는 부분 중의 하나이다. 교육정책에 따라서 유행 바뀌듯이 '~교수법, ~학원, ~교재'가 집중을 받고 사라지는 현상이 반복된다.

뿐만 아니라 인터넷에서는 수많은 '엄마표 영어'를 하는 방법들이 넘쳐난다. 나에게 수업 신청을 하고 온 학부모님들은 두 가지 종류로 나눌 수 있다. 영어 공부, 영어 교육관이 확실하거나 아니면 아예 나중에 해도 좋다고 안 한 부류. 그렇기 때문에 학생, 학부모의 니즈를 정확하게 파악하는 것이 가장 우선시 돼야 한다.

【실제 사용된 설문지】
1. 영어 교육 경험에 대해서 자세히 서술해 주세요.
2. 해외 경험이 있나요? 여행 말고 있다면 체류 국가, 기간을 정확히 서술해 주세요.
3. 영어교육에서 지금 학생에게 가장 필요한 부분은 무엇이며
   가장 어렵거나 부족한 부분은 ? 그 부분을 해결하기 위해서 무엇을 했었나요?
4. 학생(본인)이 영어 공부하는 평소 방법은?
   1주일 영어 노출시간이 얼마나 되나요?
5. 영어를 좋아하나요? 싫어하다면 왜 싫어지게 되었나요?
6. 영어를 왜 배워야 한다고 생각하나요?
7. 인터넷 강의를 들어 본 적이 있나요? 들었다면 어떤 사이트를 수강했나요?
   수강하게 된 이유는 무엇인가요? 완강하였나요? 완강하지 못했다면 이유는 무엇인가요?
8. 영어 관련 교재나 책 중에서 가장 기억에 남는 책은 무엇인가요?
   이 책을 뽑은 이유를 설명해 주세요.

보통 이렇게 설문지를 사전에 받게 되면, 거의 이 사람이 '왜 영어를 배우고 싶어 하는지 나에게 어떤 문제가 있어서 왔는지' 쉽게 파악이 된다. 그것을 바탕으로 정확하게 무료 수업을 하면 내 경우는 100% 수업이 성사된다. 문제를 파악하여서 해결하는 'how'를 내가 제공해 주기 때문이다.

설령 영어를 잘하는 외국계 기업의 대리가 승진을 위하고 프레젠테이션을 위해서 고급 비즈니스 영어를 배운다고 해도 마찬가지이다. '학생에 대한 정보가 없는 상태라면 모를까?' 학생에 대한 완벽한 정보가 있으면, 나는 AI가 되어 거기에 맞는 교재, 티칭 스타일, 목적을 함께 세팅하게 된다. 그렇게 한 후에 무료 수업을 하면 'A4 반 페이지' 정도에 걸쳐 문제점, 현재 실력, 필요한 부분, 수업 스타일을 적어서 보내 준다.

"아, 바로 이거 에요. 선생님, 제가 찾던 것이 바로 이거! 어떻게 아셨어요?"

어떤 학생들은 수업 하는 도중에 나랑 바로 수업을 하겠다고 결정하고 입금하는 학생도 있다. 고객, 즉 내 앞에 있는 학생과 학부모가 어떤 문제를 갖고 왔는지 안다면, 눈높이에 맞는 티칭을 제공하는 것은 내 교육사업이 성공하는 지름길이다.

8회 수업을 하면서도 나는 중간 중간에 전화나 문자 등의 커뮤니케이션을 지속적으로 한다. 학생이 어리면, 부모님을 통해서 주로 연락을 한다. 하지만 학생이 초등학교 고학년이나 그 이상이라면 학생에게도 피드백을 주고, 학부모님에게도 피드백을 준다. 학생에게는 더없이 꼼꼼하고 친절한 선생님 혹은 언니, 누나가 되어야 한다. 때로는 학생들의 고민을 해결해 주는 역할도 할 수 있어야 한다. 개인적인 친밀도가 생기면, 돈독한 유대관계가 생긴다. 이것은 성적이나 학습 집중력의 향상으로 직결된다. 학부모님 상담이나 피드백은 좀 더 다른 경우다.

　　대한민국의 학부모님들은 항상 불안하다. 아무리 좋은 강연을 듣고 줄을 치면서 독서를 해도 '내 아이'에게는 예외다. 그렇기 때문에 최대한 그들의 '고민'을 잘 들어 줘야 한다.

　　"선생님, 잠깐 통화 가능하세요?"
　　"어머님, 물론이죠."

　　한 시간 이상의 상담 전화, 하소연, 여러 가지 것을 다 들어주면서 신뢰를 만들어 가야 한다. 계속 강조하지만, 정말 훌륭한 교사는 지식을 잘 전달해야 하는 것은 기본이고 학생과 그 가족과도 함께 공감하고 나눌 수 있어야 한다.

　　나는 가끔은 '사전 동의하'에 수업 영상 촬영도 한다. 그렇게 녹화 한 영상은 '줌(ZOOM)'이라는 특성상, 내 아이가 수업을 어떻게 받고 있는지 궁금해 하는 학부모님에게 전송한다. 별 내용 없어도 아이가 얼마나 집중하고 선생님이 어떤 식으로 지도하는지 궁금해 하는 학부모님들에게 말도 못할 신뢰를 주는 것이다. 줌(ZOOM)에서 공개 수업을 하는 것이다.

　　대치동에 오랫동안 영어교육을 받아 왔던 유학생이 있었다. 명문 국제학교에 입학해서 유학을 갔는데, 이 친구의 부모님은 화상 줌(ZOOM)수업이라는 강의를 100% 신뢰하지 못하였다. 그래서 번번이 아이가 수업을 하는 옆에 앉아 있었다. (학부모님은 내게는 절대 말하지 말라고 하는데, 20년 영어 교육을 하면 학생의 분위기만 봐도 금세 알 수 있다.)

　　어느 날은 학생과 내가 영어 영상으로 우스운 에피소드를 보면서 이야기를 하고 있었다. 학생의 어머님은 우리 보다 먼저 웃었고, 굉장히 민망해 하셨다. 나는 못 들은 척 안심 시켜 주면서, 수업 녹화본을 매 차시 전달하였다.

결국, 그 어머니는 수업 4회 만에 아예 아들을 맡겨 버리고 운동을 하러 갔다.

나는 '줌(ZOOM)' 이라는 교육 시스템을 굉장히 사랑한다. 물론, 집중력을 좀 더 요하고 그런 부분을 강사가 잘 조정할 수 있어야 하지만, 학습자 면에서 잘만 쓰면 좀 더 높은 성과를 만들어 낼 수 있다. 하지만, 아직 대한민국의 학부모님들은 반신반의다. 대세는 맞는데, '학습효과'에서는 불안하다. 이 불안감을 어떻게 잠재우는지도 강사의 몫이다. 그렇기 때문에 수업 후의 내용, 수업 할 때 태도, 부족한 점, 어떻게 해결해야 하는지를 최대한 꼼꼼하게 서술하자. 이 때, 사진, 음성 녹음, 영상은 기본이다. 8회차 PROGRESSIVE REPORT에는 Speaking, listening, grammar, reading, writing, vocabulary 에 대해서 아주 자세하게, 강조할 부분, 해야 할 부분을 정리한다.

학부모님이 무슨 문제만 있음 '나'를 전적으로 신뢰하게 된다. 나의 수업 리뷰는 그야말로 '찐' 이다. 사람들은 이 리뷰를 보고 나를 일부러 찾는다. 상상할 수 있을까?

코로나는 전 세계의 위기 속에서 모든 학교, 교육업계는 혼란과 위기이었다. 나 역시 한 달 백수가 되었지만, 나를 곧 대한민국 20년차 최고의 영어교육가로, 내 경력을 굳이 말하지 않아도 일부러 '지정해서 찾는' 최고의 강사로 만들어 준 것은 이 '리뷰'이다. 진심의 교육은 결국 통한다.

청중과의 완벽한 공감대 형성 스킬

최고의 리뷰 받는 방법에 대한 이야기를 좀 더 해 보자. 요즈음 1인 창업, 브랜딩, 자기 계발, 성장이란 단어는 대한민국에서 가장 핫한 키워드이다. "무료 체험", "테스터 모집", "서포터즈 모집" 이란 모집 공고를 쉽게 볼 수 있다. 이런 무료체험을 왜 할까? "불만족일 경우, 100% 환불" 이런 홍보는 위험하지 않을까? 나 역시 '무료 체험+ 불만족 시 100% 환불'을 늘 강조한다. '내 수업은 이 정도의 수준이며, 나는 내 강의를 전적으로 믿고 판매한다.'라는 뜻을 전하는 것. 바로 내가 고객, 나의 학생들과 완벽한 커뮤니티를 형성하는 방법이다.

말레이시아, 중국에서 유학생들이 들어오는 경우는 시차에 대해서 한 시간 밖에 안 나서 문제가 되지 않는다. 그러나 미국, 터키, 영국에 있는 학생들은 시차 문제로 아주 늦은 밤, 혹은 새벽에 만나게 된다. 맨 얼굴로 부스스하게 일어나서 컴퓨터 앞에 앉은 유학생들에게는 나는 따뜻한 인사말을 먼저 건넨다. 그리고 간혹 인터넷 연결의 문제로 접속 불량, 접속 중 에러, 인터넷 연결 불안정으로 인한 소리 재생 안 됨 등의 문제가 생기면 나는 그 수업은 차감하지 않는다. 단순히 1회성 수업료를 걱정하는 것이 아니라 최고의 퀄러티 있는 수업을 지향하는 나의 생각 때문이다.

"이번 수업은 중국 쪽 연결이 안 돼서 수업 안한 것으로 할게요. 대신, 소리가 잘 안 들리니 오늘은 영어 공부하거나 유학 생활 중 고민거리 있음 알려줘 봐요. 채팅 창에 써도 좋고요." (30분을 이미 진행했지만 인터넷 불안정으로 중국에서 수업이 끊겼다. 30분 정도로 아까워하지 말자. 학생의 성장을 생각해야 한다.)

선생님이 먼저 이렇게 수업료를 차감하지 않고, 수업은 수업대로 다음에 다시 하고, 나를 위해서 시간을 내 준다는 느낌. 이것은 선생님은 '내 인생의 스승', '왜 이렇게 인기 있으신 줄 이제야 알겠어요.', '선생님으로 인해서 고민거리가 싹 해결됐어요.'라는 리뷰를 자동으로 받게 해 준다. 리뷰를 받았을 때는 반드시 댓글로 인사를 드리도록 한다. 단순하게 '감사해요'가 아니라 학생 이름 하나하나를 기억해서 댓글을 작성한다. PROGRESSIVE REPORT에서 미처 담지 못한 내용들은 잘 이야기 해 준다.

선생님이 좋으면 그 과목이 좋아지게 되고 당연히 성적도 오른다. 100%는 아니어도 확률적으로 높다. 내 학생들은 이유와 목적이 각각 달라도 '나'라는 강사와 인간관계를 잘 쌓게 된다. 믿음을 바탕으로 때로는 부모님에게 말 못하는 고민을 털어 놓기도 한다. 외국계 기업에서 소위 말해 잘난 척 하는 사람들을 흉보기도 한다. 휴직을 하고 새로운 직업을 위해서 영어 공부를 하는 공기업의 40대 과장님은 육아 고민과 와이프 흉을 보기도 한다. 모두 수업이 끝나고 정리 하면서 함께 나누는 이야기들이다.

누군가 내 이야기에 공감하고 집중한다면 당연히 그 사람이 좋을 수밖에 없다. 그 사람이 내 영어 선생님이라면 더 열심히 할 수밖에 없다. 참고로 학생들의 생일, 졸업식, 입학식이나 승진, 시험 성적에 대한 적절한 당근은 최고의 격려이자 동기 부여이다. 나는 어린 학생들이면 어린이날, 생일만큼은 꼭 챙긴다. 마음이 담긴 카드와 함께 아이스크림 케이크나 가족 모두가 먹을 수 있는 음식 쿠폰을 보내 준다. 토플 시험을 봐야 하는 유학생의 성적이 매번 조금씩 올라가자 나는 문화 상품권을 선물로 주었다. 커피 쿠폰도 주고. 기쁜 일이 있을 때 함께 기뻐하는 것은 기본이다. 코로나가 걸려서 밖에 못 나가고 아프다고 할 때는 '죽' 쿠폰을 보내거나 배달 쿠폰을 보낸다. 학생과 학부모들에게 받은 사랑만큼 돌려주는 것, 아니 그 이상으로 진실한 마음을 보여주고 인간관계를 맺는 것은 당연히 사람 관계에서 필수적인 것이다.

내 학생들은 안다. 내가 어떤 마음으로 학생들의 이야기를 듣고 있는지 진심이 전해진다. 나도 안다. 나에게 받은 지식을 얼마나 열심히 공부했는지. 최고의 교육 순환이 만들어지는 과정이다. 코로나로 3년이 지났다. 코로나가 더 심했던 적도 있었고, 백신이 나오기 전에는 아이들을 함부로 학원에 보내지도 못했다. 직장인들이야 어쩔 수 없이 회사를 출근해도 학원 등의 교육비는 줄일 수밖에 없었다. 수많은 교육업계가 위기였다. 대한민국, 아니 전 세계가 위기 이었을 때, 나는 왜 혼자서 *laptop* 앞에 앉아서 수업을 할 수 있었을까? 1년이 지나고, 코로나가 사라져 가는 지금 . 아직도 내 온라인 속에는 나와 수업하는 학생들이 있다.

모두가 오프라인으로 돌아 왔지만, 내 학생들은 여전하다. 그들도 알기 때문이다. 온라인 수업의 장점과 내 수업의 장점이 모이면 얼마나 큰 결과를 만들 수 있는지.

학생과 강사 사이에 진심과 공감이 통하면, 어떠한 정보나 지식이 와도 100%이상의 결과를 만들어 낸다. 비단 학생과 강사 사이뿐만이 아니라 모든 인간관계에서도 마찬가지이다. 내 이야기에 귀를 기울이고, 내 문제를 해결해 주려고 애쓰는 사람의 노력. 결국 인간은 서로에게 인정받고 싶어 하기 때문에 이 관계를 잘 형성하면 그 뒤에 학습 결과는 당연히 좋을 수밖에 없다.

강사 스스로에 대한 신뢰가 최고의 강사를 포지셔닝 한다

　　　나는 대한민국 영어 교육기버 친절한 조이쌤 이다. 다양한 분야에서의 포지셔닝, 전 연령, 인풋을 줄 수 있는 교육방법과 교재의 방대한 양, 통역 등…….나는 나를 믿고 여기까지 왔다.
　　　1타 강사는 아니었지만 혼자서 20년 넘게 강의하고, 오히려 코로나 속에서 더 승승장구 했던 것-바로 내 자신에 대한 확고한 믿음, 끊임없는 노력과 공부 때문이었다.
　　　대학교 강의, 국립 경찰대 강의, 내가 감히 할 수 없는 강의 포지션, 엄청난 경쟁률의 강의는 먼저 손을 내밀고 두들겼다. 최고의 영어 강의를 만들기 위해서 필요한 업무지식이나 정보를 배울 때는 확실하게 날 것이 되어서 다 받아먹는다. 나는 묻는 것을 절대 부끄러워하지 않는다. 모르면 모른다고 한다. 20년 넘게 배워 왔고 또 배워 왔다. 그리고 가르쳤다. 그게 나를 장수하게 한 비결이다. 최고는 아니지만, 대한민국에서 다양한 컨텐츠, 연령, 수준을 처음부터 끝까지 운영할 수 있고 맞춤식 티칭을 제대로 해 줄 수 있는 Only one. 그게 나의 또 다른 브랜드이다.

　　　피드백이나 전달 사항은 최대한 진심으로 쓴다. 계란으로 바위를 칠 수 있을까? 수없이 에이전시나 강의 업체가 아닌 곳에 문을 직접 두드렸다. 영어로 대한민국에서 경제적 부까지는 아니어도 돈을 벌기 좋은 환경에 노출 된 것은 사실이다. 내 경우만 해도 통번역, 기업체 통역 감수, 집필, 영어 콘텐츠 개발 등 수없이 많은 일을 동시 다발적으로 했었기 때문이다.
　　　이 말을 거꾸로 생각해 본다면, 그만큼 수많은 사람들과 회사, 교육업체가 있어서 경쟁이 엄청나다는 현실이다. 학생의 수요는 점차 줄어들고 있는데, 이상하게 공급자만 늘어가고 있으니. 대학 강사끼리 흔히 하는 말이 있다. '우리는 고학력 3D노동자야. DIRTY, DIFFICULT, DANGEROUS.' 단어의 느낌이 약간 다를 수는 있지만, 학생과 학교, 학생회, 외국어 교육담당자와 적절하고 다소 불편하지 않은 관계를 유지해야 한다. 뿐만 아니라 엄청난 정보양 속에서 자칫 하나 실수라도 하면 쉽게 용납이 안 되는 곳 중의 하나다. 매일 전쟁터처럼 하루 목숨을 유지하고 돌아와야 한다.

'아, 오늘도 무사히 강의를 잘 마쳤구나.'
교육 현장은 내가 잘해야 무조건 살아남을 수 있다. 사교육 시장에서의 일타 강사 몸값이 100억이 넘는다. 학생들은 의례 학교 선생님보다 그들의 능력을 더 믿고 공부한다.

일타 강사. 그들은 매일 살벌하고 치열한 전쟁터에서 자신의 비싼 몸값을 보호하고 유지하려고 더 비싼 무기를 개발한다. 더 안전한 곳을 만들고, 더 좋은 환경으로 성벽을 쌓는다. 그렇기에 영어강사들의 20년의 교육계의 수입은 한결같이 일정하다. 정말 치열한 자본주의 하에 경쟁하고 능력껏 버는 것이다. 그럼에도 불구하고 내가 이 일을 계속 하는 것은 나는 가르치는 일을 누구보다 좋아한다. 새로운 학생들이 내 배움 지식을 갖고 꿈을 펼치는 모습이 너무나 행복하다. 그들을 돕는다는 생각은 나의 최고의 비타민이다.

한 분야 토익, 토익스피킹, 토플 등 이렇게 특정 분야는 아니지만, 스스로 생존하기 위해서 나는 다양한 콘텐츠를 일부러 접했다. 어려운 MBA과정 영어 교재부터 논문 지도법, 영어에세이, 영어 일기, 영어 노래와 챈트까지 모든 것을 다루고 직접 부딪쳐 봤다. 토익, 토익스피킹, 아이엘츠, 입시 영어, 오픽까지 '시험영어'를 위해서 강의하고 교재도 만들었다.

기계치였고, 전형적인 문과 스타일인 내가 코딩까지 공부하면서 언플러그드 코딩 책을 만들고 마술 책을 갖고 연습해서 영어 마술교재를 만들어 본 것은 나를 또 한 번 성장 시킨 시간 이었을 것이다. 죽을 만큼 힘들었고, 매일 디자인 작업, 인쇄 작업 등으로 머리가 아팠다. 그렇게 버텼더니, 결국 이 자리까지 온 것이다.

어려운 것을 쉽게 가르쳐 주는 '친절한 조이쌤', 나만의 영어 교육 브랜딩 -'기버'가 확실히 자리 잡아야 한다. 모두들 나다운 것을 찾으려고 하고 N잡러가 되고, 파이어족이 되려고 한다. 나 역시 마찬가지다. 우리는 100세 시대 속에 살고 있고, 인류가 처음 맞는 새로운 움직임이다. 모순되지만 우리나라는 출산율은 최저점을 찍고 결혼을 안 하는 세대가 늘어나고 있다.

그 속에서 배움은 끝없이 계속 되어야 하고, 나만의 아주 뾰족한 *edge*를 발견하지 않음 누구도 안전하게 살아갈 수 없다. 즉, 각자 자신의 이야기를 담은 , 자기만의 *Only one*의 색깔을 만들어야 한다. 모두가 그 속에서 서로에게 필요한 니즈를 채워주고 맞춤 교육을 하고 맞춤 브랜딩을 하는 시대. 나는 가능한 가장 경쟁이 심한 영어 교육 시장에서 누구나 쉽게 영어를 접했으면 한다. 친절하게, 영알못도 영포자도 할 수 있도록 돕는 '기버'의 역할, 우리 아이들만큼은 입시 교육이 아닌 '언어로서의 영어'를 배우는 것, 그게 내가 할 수 있는 최고의 브랜딩이고 내 색깔이다.

뿐만 아니라, 나는 그 누구보다 영어 교육의 *Writing*에 있어서 진심이다. 글을 쓰는 것 위에 영어를 입히는 작업, 결국 인간의 모든 것은 자신을 드러내기 위함이 아닐까? 같은 주제라도 어떤 식으로 접근할 수 있는지 그 열쇠를 제공해 줄 수 있는 사람으로 나는 앞으로 많은 사람들에게 도움을 주고 싶다.

영어 사교육 시장 대한민국에서 영어를 가르치는 학원, 선생님은 모두

훌륭하다. 각자 자신의 목적, 방향, 스타일에 맞는 선생님이나 학원, 교재와 꾸준히 오래 하면 된다. 언어를 마스터 하는 방법은 모든 언어에 있어서 아주 간단하다. '분명한 목적을 갖고 꾸준히 반복하는 것'이 바로 핵심이다. 이 확실한 지침을 갖고 공감하고 동기 부여해 주는 '기버로서, 인생 선배로서' 학생들과 오랫동안 함께 할 것이다. 영어가 대한민국 모두에게 있어서 편해지는 그 날을 기다리면서.

에필로그

누군가에게 지식을 전달하는 일을 시작한지, 거의 25년이 넘어간다. 그 속에서 매일 '스스로와의 싸움'을 해야 했고, 특히 지난 코로나 3년의 시간은 더 많은 집중력을 요하는 시간이었다. 하지만, 분명 '위기는 기회'라는 것을 스스로 느꼈고, '아무 것도 하지 않으면, 아무 일도 일어나지 않는다' 는 진리를 직접 체험하게 되었다. 대한민국은 분명, '영어 공화국'이다. 인공지능이 계속 발전되고 있지만, 아직도 영어교육은 모두에게 있어서 '어떻게'의 질문이 많이 남는 부분이다. 그 속에서 수많은 시스템과 강사, 교재가 있지만, 그럼에도 불구하고 사람들은 아직도 '부족함'을 메우려고 노력 중이다. 그들의 성장을 돕는 역할이 바로 내 직업이다. 나는 '영어 교육기버'라는 나의 브랜딩이 너무나 맘에 든다. 영어 교육을 통해서 사람들이 자신의 능력을 더 키워갈 수 있기를 바란다. 지금 심은 '씨앗'은 별 볼일 없지만, 양분을 주고 정성을 들이면서 키워 나가면, 저마다 다른 꽃과 열매를 맺을 것이다. 그것이 '각자의 능력을 만들어 내는 나비효과'가 될 수 있도록 나는 오늘도 나의 학생들과 함께 배우고 성장할 것이다. 내가 갖고 있는 모든 지식과 경험이 모두에게 선한 영향력이 될 수 있도록, 이 책 한권이 누군가에게 또 다른 '꿈'을 꿀 수 있게 하도록, 나는 오늘도 나의 일을 뜨겁게 사랑하면서 살아가고 있다.

저자 소개

방지현 | 비대면 강의 성공 전략
영어 스피치 및 면접, 영어교사교육 및 컨텐츠 개발

24년차 영어교육 전문가
영어 면접, 에세이 심사위원
전교1등 영어일기 저자
영어영문학 평생교육원 지도 교수
교사 연수 및 컨텐츠 개발 및 감수
APEC.국제여성지도자대회 외 수행통역 역임

인스타그램 englishgiver_joy

      영어교육가로 20년 넘게 강의와 연구, 집필을 하고 있다. 배런 영어 영문학과 평생 교육원 지도 교수이며, 영어스피치 및 영어면접 심사위원이며, 조이EDU의 대표이다. '전교 1등 영어 일기 따라잡기'의 저자이며, '영어기버 친절한 조이쌤으로'으로 대학교, 기업체 및 영어교사 연수와 엄마표 영어를 위한 특강을 진행하고 있다. 물론, 초급자부터 영어 고급자들과의 수업도 계속 진행 중이다. 클래스 101, 클래스 유, 네이버 엑스퍼트, 크몽, 숨고의 1% 교육가, 네이버 카페 '오늘도 인생 수업'을 운영하고, 블로그와 네이버 포스트 '진짜영어 가짜영어'로 영어 교육의 즐거움과 평준화를 알리고 있다. 영어 씨앗으로 모두의 능력이 나비 효과를 만들 수 있도록 영어 교육 '무료 챌린지'도 꾸준히 운영 중이다. 인스타 그램에서 다양한 영어법, 영어 인플루언서, 영어 강사 코칭 과정 양성, 영어 글쓰기, 챗 GPT를 활용한 영어 교육법을 지도하고 있다. 아이와 함께 해외 한 달 살기 프로그램도 운영하고 있다.

외교 통상부, 국립경찰대학, 한국산업인력공단 해외 취업 담당, 전국 대학 영어 스토리텔링, 어린이지도사 출제 및 평가 위원, 경기도 교육청 영어 클러스터 1기 지도 교수, 케이블TV '엄마 영어에 미치다 시즌 1'의 대한민국 100인의 영어 멘토 역임, 삼성, 포스코, 가천대학교, 경희대학교, 현대 경제 연구원, YBM,, EBS영어 영문학 독학사 교수 등으로 다양한 곳에서 20년 넘게 영어 강의를 했다. 인천 영어마을, 전북 영어 도서관 런칭, 영어 ENIE교사 지도 연수, 원어민 지도, 옥스퍼드 출판사 영어 스피치 심사 및 지도를 맡았고, 영어 특기생 해외취업 과정도 운영하였다. 온라인에서는 YBM, 당근영어, 엄마표 영어 TESOL, 스카이 에듀, 클래스 101, 네이버엑스퍼트 등에서 강의를 하였고, 영어 컨텐츠 개발 및 집필 활동을 해 왔다. APEC, ASEM, 해외 여성 지도자 대회 등 주요 국제행사의 수행 통역을 진행하였다. 필리핀, 호주, 말레이시아, 싱가포르에서 해외 한 달 살기 프리미엄 캠프를 직접 계획, 운영했다.

　　2023년 대한민국의 모든 영어 교육 장벽이 낮아지길, 진정한 언어로서의 영어 교육이 현실화되기를 준비하고 있다. 영어가 아직도 단순한 '입시위주의 주입식 성적'지표로 활용되고 있음을 알기에, '표현하는 영어, 삶이 되는 영어, 내 능력이 되는 영어'로 언어교육을 모든 이에게 무료로 제공한다. 뿐만 아니라, 더 좋은 양질의 콘텐츠를 교사와 학부모에게 배포 하며, 영어 평준화 대한민국을 만든다. 나는 영어 교육가이자, 영어교재가 아닌 '진짜 영어, 가짜 영어(가제)'의 베스트셀러 작가, 소설가, 해외 한 달 살기 대한민국과 글로벌 지점의 CEO로 활동 중이며, 세상에서 가장 소중한 '나'를 표현하는 이야기꾼으로 살고 있다. 세컨드 라이프의 순항이 즐겁고, 매일 글을 쓰고, 다양한 사람들이 영어를 통해서 해외 한 달 살기를 직접 하는 것을 도와주고 있다. 영어 작가로서, 글을 쓰는 베스트셀러 작가로서, 심리학자로서 또 다른 나의 삶이 행복할 뿐이다.

NOTE

Secret Lecture Skills

청중 중심의 강의 스킬

오민경

그림책으로 스킬업: 독서미술 강사
강의의 원천은 끝없이 배움을 즐기는 자세다
활동 영역을 확장하라
시대의 흐름을 읽고 트렌드를 파악하라
함께 해야 오래 간다

그림책으로 스킬업: 독서미술 강사로의 시작

성실함을 무기로
"부모님들 어릴 때 꿈, 장래희망이 무엇이었는지 생각나시나요?"
"네에~~"
"그렇다면 혹시 그 장래희망을 이루신 분 계시나요?"
"....."
강사의 질문에 손을 든 사람은 나 하나였다. 강사도 놀라고 나도 놀라고 다른 부모들은 힐긋 나를 한번 쳐다보았다. 내가 엄마가 되고 한창 부지런히 도서관 등을 찾아다니며 강연을 듣고 다니던 어느 날, 강사의 질문이었다.

"제 꿈은 선생님과 화가입니다!"
꿈이라는 단어가 장래희망을 뜻하던 시절...나의 꿈은 선생님과 화가였다. 돌잡이로 붓과 연필을 잡은 나는 어릴 때부터 동네에서 숨바꼭질과 인형놀이를 하며 동네 아이들을 몰고 다녔다. 또래보다는 동생들이 많이 따라서인지 선생님을 하고 싶다는 생각을 했던 기억이 난다. 그리고 이 꿈은 자연스럽게 지금의 내가 되게 한 씨앗 이었다는 생각이 들었다.

어릴 때부터 미술을 전공하신 부모님 밑에서 많은 영향을 받으며 일찌감치 진로를 결정하고 고등학교 때부터 미술 전공의 길로 접어들었다. 사춘기 시절에는 내가 과연 좋아서 하는 걸까? 다들 잘한다고 하니 떠밀려 온 것이 아닐까? 라는 생각도 들었지만, 입시를 준비하는 수험생에게는 이런 걱정은 사치였다. 전국에서 그림을 잘 그린다는 아이들을 모아 놓은 미술 고등학교로 진학을 하니 내 그림실력은 그리 뛰어난 편은 아니었다. 개성이 강한 아이들이 많던 학교에서 입시학원 원장님의 딸이라 예의 주시하던 선생님들도 평범하게 사고 안치고 열심히 학교에 다니는 성실한 학생이라고 생각 하실 정도였다. 집에서 버스와 지하철을 타고 한시간 걸리는 등하교길에 아침마다 코피를 쏟아 가면서도 꼬박 3년을 개근할 정도의 성실함에 고3 때 담임 선생님께서는 성적은 안 되지만 애가 성실하니 원하는 학교 한 군데는 써보라는 이상한 권유를 할 정도였다. 이러한 성실함은 메모하는 습관에도 도움이 되었다.

입시학원을 하시던 아버지는 늘 입시정보에 빠르고 신문 기사를 스크랩 하시며 정보를 모으시는게 일상이었다. 그 모습을 보고 자라서인지 자연스럽게 메모하는 습관이 생긴 것 같다.

나는 작은 아이디어가 생각 날 때마다 작은 수첩에 아이디어 스케치와 메모를 가득 해놨다. 그림 아이디어, 작업실 인테리어, 사업과 장사 아이디어에 디자인 특허 아이디어 그리고 친구들을 기쁘게 해줄 서프라이즈 이벤트까지 깨알 같은 글씨로 수업 틈틈이 버스나 지하철에서도 메모를 했다. 메모를 할 때만은 나는 수험생에서 벗어나 사장님도 되었다가 유명 작가도 되고 친구들에게 주목받는 아이가 되어 있기도 했다.

베이비 붐 세대에 태어난 나와 친구들은 서울 근처 대학의 경쟁률이 100:1이 기본인 입시 전쟁에 수능 난이도 이상으로 다들 혼란에 빠져있었다. 지방대에 보낼 수 없다는 부모님 의견에 아동미술과에 진학한 나는 한 학기 정도 다니다가 전과를 하거나 반수를 할 생각이었다. 그런데 각 과목의 교수님들의 교육 철학과 커리큘럼들은 "아! 이거야! 맞아 나 미술 선생님을 하고 싶었는데…." 입시에 떠밀려 잊고 있던 꿈을 기억나게 했다. 아동 미술을 전공하면서 주말에는 아버지의 학원에서 아르바이트로 초등학생 방학 숙제 등을 봐주며 용돈을 벌기 시작했고, 점점 중학생 고등학생까지 수업하는 아이들도 늘어갔다.

학교 방학이면 입시 학원에서 만나기 힘든 유·아동 아이들을 만나기 위해 공원에서 무료 수업도 하고 교수님이 수업하시는 문화센터도 꾸준히 나가며 강사로서의 기능을 쌓아 갔다. 당시 실습은 학기 중에만 진행되었지만 방학 때 오면 맛있는 잔치 국수를 사준 신다는 말씀에 고민 없이 토요일마다 여의도 동아 문화센터로 향했다. 지금도 그때 문화센터 매점에서 팔던 잔치 국수만큼 맛있는 국수는 맛보지 못한 것 같다. 그렇게 또 교수님들께 성실함을 인정받았고 자연적으로 학부에서 좋은 교육 실습기회가 있을 때면 추천을 받곤 했다.

　　졸업이 다가오고 진로에 대해 고민을 하던 중 자기 작업을 하는 사람이 오랫동안 아이들과 함께할 수 있다는 교수님의 말씀에 작가로서 인정 받을 수 있는 조형예술 대학원에 진학을 준비를 시작했다. 주말 아르바이트를 멈추고 포트폴리오를 만들기 위한 작업을 이어갔다. 금요일이면 학교 작업실에서 밤을 새우며 수많은 공모전에 도전하고 전시 기회가 생기면 무조건 참여를 했다. 첫차를 타고 집으로 가며 쪽잠을 자고 주중에는 어린이집에서 시간제 미술 교사를 해도 목표가 있었기에 힘들지 않았다. 2년을 꼬박 달린 끝에 다행히 원하던 대학원에 합격했다. 대학원 진학 후에도 낮에는 어린이집과 유치원에서 시간제 미술 교사를 하고 오후에는 학교에 다니며 작업을 하고 꾸준히 전시도 하며 작가로서의 경력도 쌓아 갔다.

　　대학 졸업 후 아동미술과 교수님들과 대학원 동문으로 인연을 이어 나갔고 여러 원장님과 함께 일본 아동 미술세미나 참석하며 그들의 자유롭고 창의적인 아동 미술교육에 놀라고 충격을 받았다. 비교적 어릴 때부터 미술 교육을 접했던 나도 받아보지 못한 미술 수업들이었고 내가 학원을 한다면 꼭 하고 싶었던 그런 교육이었다. 알면 알수록 일본의 미술교육에 점점 더 궁금한 점과 부러운 부분이 많아졌다. 그리고 우연히 이촌동에 있던 일본 유·아동 예체능 센터에서 여름방학 동안 단기로 미술 분야 수업을 하게 되었고 아이들이 들고 오는 그림책을 보며 일본어를 몰라도 너무 재미있는 그림책에 쉬는 시간이 되면 한 권 두 권 빼보기 시작했다. 단기로 시작한 아르바이트 어느새 3년 차가 넘어갔고 대학원을 졸업하고 나의 성실함을 지켜보던 센터 원장님 덕분에 친구와 함께 좋은 조건에 교습소를 하게 되었다.

    결혼 전까지 친구와 함께 미술 교습소를 운영하며 평소 머릿속으로 그려오던 수업을 마음껏 하기 시작했다. 미술관도 데리고 가고 야외 스케치도 다니고 옥상에서 퍼포먼스 수업도 했다. 한 달짜리 프로젝트 수업과 키네틱 아트 수업 등등 한 달에 두세 번씩 남대문과 동대문 등을 다니며 사다 나르는 재료가 모자랄 정도였다. 그 당시 남대문, 동대문, 을지로, 홍대 등 발품을 팔며 돌아다니던 덕에 지금의 재료를 선택하는 비결이 생겼다. 요즘은 인터넷이 쇼핑이 잘되어 있어 예전만큼 자주 시장에 나가지는 않지만 그래도 시즌별로 새로 나오는 재료와 기법을 알아보기 위해 직접 재료를 보러 나가면 친구와 라면 하나 먹으려 열심히 다니던 예전 생각이 난다. 이렇게 나는 뭔가 하나를 시작하면 최선을 다하고 그 분야에 대한 정보를 습득하고 내 것으로 만들어야 직성이 풀렸다.

그림책으로 기능 업

    초임을 벗어나 아동 미술 경력이 3-4년 차가 되었을 즈음 다양한 미술 재료와 창의적인 주제를 가지고 미술수업을 하며 항상 말로 설명하기 힘든 약간의 부족함을 느꼈다. 겉은 화려한데 포장을 뜯어보면 특별함이 없는 크리스마스 과자상자 같은 느낌이랄까? 이 부분은 나의 성실함으로는 채워지지 않았다. 어느 여름방학 하루는 평소 파트타임 수업을 하던 어린이집에 대체교사로 임시 담임을 하게 되었고 주말 지난 이야기를 하고 그리기 수업을 했다. 물놀이를 다녀온 아이들은 신나게 자기가 경험한 일을 이야기하고 그림으로 그려 냈지만, 주말 내내 집에만 있었다는 아이들은 그릴 것이 없다는 말만 되풀이했다.

　그림 실력의 문제가 아닌 소재가 없다는 말에 미술 수업에 부족했던 그 무엇은 아이들의 경험에서 오는 스토리텔링과 그것을 자연스럽게 도입하는 방법에 있다는 것을 알았다. 아이들은 직접 경험을 통해 습득하는 것이 많은데 상대적으로 많은 경험이 없는 아이늘에게는 간접경험이 매우 숭요 했고 그것은 독서를 통해서도 가능한 것이었다. 처음에는 많은 아이들이 알고 있는 전래동화를 수업에 도입하기 시작했다.

　동화를 읽은 후 그리기를 하면 다양하고 재미있는 그림이 많이 나왔다. 아이들도 "선생님 뭐 그려요?" 하는 질문이 없었다. 그러다가 우리가 알고 있는 결말 대신 아이들이 바라는 결말을 그리거나 신데렐라 드레스를 디자인 해주는 등의 새로운 수업을 구상했고 담임 선생님들의 반응은 폭발적이었다.

　어린시절의 경험과 그림에 대한 열정 때문이었을까. 교육생들에 대한 끊임없는 고민과 열정 때문이었을까. 다양한 재료와 기법이 어우러진 상상력을 자극하는 그림책을 만나며 나의 교육 스타일은 혁신을 맞이하였고, 그이후 수업에 그림책을 적극적으로 사용하기 시작을 했다.

강의의 원천은 끝없이 배움을 즐기는 자세다

　　20대 후반에 결혼하고 아는 이라고는 시댁 식구들뿐이었던 수원에서 사람 사귀기 좋아하는 나는 맘카페를 통해 마음이 맞는 엄마들끼리 모여 품앗이 교육을 시작했다. 한 주에 한 집씩 돌아가며 영어, 요리, 미술, 수학 등을 품앗이 교육으로 나누며 미술수업의 스킬을 다시 찾기 위해 노력을 했다.

　　함께 놀고 저녁도 먹고 그렇게 2-3년을 육아 동지로 의지하며 막내까지 어린이집에 보내고 나니 아이들 등원 시키고 집안일과 잠깐의 수다 타임이 그렇게나 달콤할 수가 없었다. 아이들을 키우며 만난 엄마들과의 돈독함은 전우애가 부럽지 않을 정도로 끈끈했다. 그만큼 아이들 하원 시간이 금방 돌아왔고 어느샌가 이렇게 시간을 보내는 게 아깝다는 생각이 들었다. 유모차 없이 나 홀로 백화점을 다니게 된 어느 날 오랜만에 문화센터 앞에서 걸음을 멈췄다. 아이들 없이 서 있던 그 안내 데스크가 얼마나 어색했는지 아기띠 없는 내 몸이 안내 데스크 차가운 대리석에 닿았던 생경한 느낌이 아직도 생생하다.

　　언어부터 요리 댄스 음악 요가 등 생각보다 많은 과목이 개설되어 있었다. 유행이 막 시작되었던 캘리그라피나 리본공예 등도 있었지만 전공을 살리고 아이들 교육에도 도움이 되는 수업을 찾다가 '독서미술지도사 자격증' 과정에 등록을 했다. 수업을 들으며 했던 실기작품과 이수 과정을 카카오스토리에 올리기 시작했고 친한 엄마들의 제안으로 홈스쿨을 시작했다. 큰아이의 친구들과 한팀으로 시작해 그 친구들의 동생들이 또 한팀이 되고 둘째 친구들과 그 동생들 그리고 셋째까지 친구팀이 만들어졌다.

　　그 당시 우리나라에서 앤서니 브라운이나 애릭 칼 같은 외국 그림책 작가들의 인기가 많아졌고 앤서니 브라운 전시를 본 큰아이와 나는 자연스럽게 그의 그림책의 매력에 빠지게 되었다. 처음에는 기발한 상상력에 놀랐고 그림이 이끌어 가는 스토리와 작가들만의 독창적이고 개성 있는 그림에 매력에 빠질 수밖에 없었다. 아이들을 위해 빌리기 시작하던 그림책은 어느새 내가 보고 싶은 그림책을 빌리기 시작했고 성인들을 위한 그림책도 많다는 것을 알게 되면서 그림책에 대해 더 알고 싶어 졌다. 독시미술 지도사 자격증을 따고 아이들에게 그림책을 재미있게 읽어주기 위해 당시 같은 문화센터에서 동화구연을 강의하셨던 색동회 이사님께 제대로 동화구연 자격증도 땄다.

아동미술을 전공하고 다양한 현장에서 계속 수업을 해왔기에 미술 수업에는 자신이 있었지만 그림책 부분을 보강하기 위해 주말이면 아이셋을 데리고 도서관을 갔다. 당시 남편은 외국 출장이 잦아 일년에 반은 집에 없었고 주말에 혼자 아이들과 집에 있는 것도 아빠 없이 외출을 하기는 힘들었지만 도서관은 수유실, 아기침대, 휴게실에 근처에는 공원도 있어 아빠 없이도 아이들을 데리고 가기에 좋은 공간이었다. 다행히 주위에 자영업을 하는 집들이 있어 주말이면 아빠 없이 엄마들과 아이들만 데리고 함께 도서관을 찾았다. 도시락도 싸고 과자도 챙겨가서 책도 보고 DVD도 보고 공원에서 뛰어놀다 보면 하루가 금방 지나가곤 했다. 셋째는 그렇게 어린이 도서관에서 낮잠도 자고 수유도 하며 기저귀도 어린이 도서관에서 띠게 되었다.

그렇게 아는 그림책이 많아지고 작가들 이름이 익숙해 지면서 어떤 그림책이 좋은 그림책인지 알고 싶어졌고 수상작을 위주로 그림책을 파악해 보았다. 그리고 수상작 작가의 다른 그림책을 보는 식으로 나만의 그림책 선정 기준을 만들어 가던 어느 날 아이가 그림책을 한 권 들고 왔다. 아이 셋이 다 즐겨보던 그림책이라 가볍게 읽어 주고 있었는데 수없이 읽고 또 읽었던 그림책에서 새로운 부분이 보이는 경험을 했고 그다음은 그림이 새롭게 해석이 되는 경험을 하게 되었다. 그림책은 알면 알수록 보이는 것도 느낄 수 있는 것도 나눌 것도 많은 책이었다.

하지만 내가 좋아하는 그림책이라고 아이들이 다 좋아하거나 재미있어 하지 않았고 수업에 활용이 되는 책도 있고 수업에는 쓰기 힘들지만 좋은 책 등 여러 상황에 따라 그림책을 분류하고 선택하는 기준이 잡히기 시작했다. 처음에는 독서미술 교재로 시작했던 홈스쿨 수업은 점점 교재 대신 내가 선정한 그림책에 맞는 미술 활동을 찾아 만든 나만의 새로운 프로그램으로 채워 갔다. 얼마 뒤 큰아이의 초등학교 진학을 위해 근처 동네로 이사를 했고 고맙게도 엄마들은 이사한 집까지 아이들을 보내 주었다. 아이들이 수업을 좋아해 주고 엄마들 사이의 친분도 작용했겠지만 다들 독서 미술 프로그램에 만족을 하고 있었고 주위 어디에서도 이런 프로그램을 수업하는 기관이 없었기에 가능했던 일이었다. 이제는 어느 정도 나라별로 유명한 작가의 이름도 알고 작가들의 작품들도 알아가던 어느 날 불현듯 고등학교때 은사님이 그림책 작가였다는 사실을 기억하게 되었다. 심지어 학교 생활 내내 쉬는 시간이면 커피 우유를 사 들고 가서 친분을 과시하던 분이었고 그 당시 그림책을 그리고 쓰고 계셨다는 기억이 얼핏 나기 시작했다.

'아 우리나라 작가도 많은데 왜 우리 그림책을 찾아볼 생각을 못 했지?' 뒤통수를 한 대 맞은 듯 급히 은사님의 그림책을 찾아 구매해 아이들에게 엄마의 선생님이 쓰신 책이라고 소개했다. 아이들은 아는지 모르는지 그저 새로운 그림책에 알록달록한 콜라주 일러스트에 쏙 빠졌고 그 선생님의 그림책을 시작으로 우리나라 그림책에 관심을 가지고 공부를 하기 시작했다. 놀랍게도 도서관에는 벽돌 두께의 그림책 이론서들이 많이 비치되어있었고 이론서 속에는 또 다른 그림책 세계가 있었다.

모르는 작가들의 모르는 그림책을 넘어 생소한 용어로 가득한 이론서는 빌려 본 사람도 거의 없어 보였다. 중간중간 아는 그림책이 나오면 그렇게 반가울 수가 없었다. 빌리고 읽다가 포기하기를 몇 번을 반복하다 아주 오래

돼 보이는 어린이 그림책에 대한 얇은 교양서를 다시 읽기 시작했다. 그 책에서 10여 년 전 일본 예체능 센터에서 보았던 그림책 몇 권을 발견하고 마치 잊고 있었던 옛 친구를 만난 듯 반가운 느낌이 들었다. 우리 아이들도 이렇게 친구 같은 그림책이 있었으면 좋겠다는 막연한 생각을 하게 되었다. 상대적으로 그림책 역사가 짧았던 우리나라에 그림책에 대한 이론서는 거의 없었지만 종종 들려오는 해외 수상 소식과 발전되는 그림책 시장 하루가 다르게 쏟아져 나오는 좋은 그림책들을 보며 역사를 함께 쓰고 있다는 느낌이 들기 시작했다. 그러던 중 이억배 작가님이 수원시립 미술관에서 전시를 시작하셨고 작가님의 작품을 원화로 볼 수 있었다. 수많은 스케치와 인터뷰 자료가 있는 아카이브관을 돌아보고 또 보며 작가들이 그림책 한 권을 만들기 위해 얼마나 큰 노력과 시간을 들이는지 알게 되었다. 전시에 맞춰 수원시 도서관 여러 곳에서 이억배 작가와의 만남이 열렸고 도서관 앱으로 오픈과 함께 마감되는 상황들을 지켜보며 그림책에 대한 인기와 관심을 실감할 수 있었다.

첫아이가 학교에 들어가고 학교 도서관에서 하는 독서미술 수업에 봉사를 하기 시작했다. 우리 아이들에게 엄마는 학교 도서관에서도 수업을 하고 동네 도서관도 우리 집처럼 드나드는 도서관이 생활에 일부인 엄마였다. 당연히 아이들도 집 다음으로 편한 공간이 도서관이 되었고 집에서뿐 아니라 여행을 가거나 외식을 하러 가서도 책부터 찾는 아이들이 되었다.

한번은 학교 화장실에서 책을 읽다가 수업에 안 들어간 큰아이 때문에 웃지 못할 에피소드가 생기기도 했다. 그렇게 학교 도서관을 드나들며 자연스럽게 자녀의 독서교육에 관심이 많은 엄마와 함께 어울리며 가정에서의 독서교육에 대해 어려움을 많이 느낀다는 것을 알게 되었다. 마침 국가적으로도 독서교육에 많은 공을 들이고 있을 때라 경기도 교육지청과 근처 도서관 등에서 도서관 봉사자들을 대상으로 하는 독서 관련 강의와 교육을 받을 수 있었다. 교육을 받으며 많은 강사와 강의를 듣게 되었고 강사의 역량에 따라 재미있는 강의와 기억에 남는 강의 실제 교육에 활용이 가능한 강의 또 재미는 있었지만, 실제 활용과는 거리가 먼 강의들도 있다는 걸 알게 되었다. 더 알고 싶은 내용이 있으면 강사의 저서와 유튜브 강의들을 찾아보고 오전과 주말을 이용해 독서미술 수업에 필요한 수업들을 찾아 오프라인 강의를 찾아다니며 독서관련 자격증을 따기 시작을 했다.

  당시는 그림책에 관한 교육이 많지 않아 정말 실력이 있는 기관과 강사를 알기가 힘들어 비슷한 강의들의 커리큘럼을 비교해보고 기관의 내력을 알아보며 등록을 했다. 그리고 어렵게 그림책에 대해 교육을 하는 곳을 찾게 되었다.

  당시로써는 고가의 강의였지만 주말도 반납하고 듣는 5시간의 교육은 한 주 한 주 지나는 게 아쉬울 정도였다. 그동안 막혀있던 속이 뻥 뚫리고 정리되지 않던 머릿속이 정리되면서 새로 보이는 그림책들과 정보들에 가슴이 두근두근거렸다. 수업 중에 만난 그림책을 중고 책 사이트를 드나들며 한 주에 수십 권씩 사들였고 강의 중 수업 적용이 가능한 부분은 실제 수업들에 응용하며 나만의 독서 미술 커리큘럼을 만들어 갔다.

  그렇게 공부를 하면서 좋은 스승도 만나고 함께 하는 동료들도 만나게 되었다. 새로운 것을 알고 좋아하는 것이 생길 수록 공부하고 싶은 것들이 많아졌다. 오전에는 교육을 받고 오후에는 수업을 하고 수업 후에는 살림과 육아를 하는 강행군을 반복하며 건강에 이상을 느끼기 시작했고 다이어트가 아닌 살기위해 운동을 시작하게 되었다. 당시에는 살기 위한 몸부림 있었지만 돌아보니 그때 운동을 시작하지 않았다면 지금의 나는 어땠을지 상상조차 하기도 싫다. 팬데믹 이후 비대면이라는 새로운 교육 방법에 먼 거리에 상관없이 마음과 시간만 있으면 원하는 수업을 들을 수 있는 시대가 열렸고 덕분에 지금도 나는 계속 배우며 공부하고 강의를 하고 있다.

원을 운영하며 비대면 수업과 외부 강의까지 시간이 모자르고 몸이 두 개이고 싶을 정도로 바쁘지만 새로운 것을 찾고 배우던 습관은 지금까지도 나를 성장하게 하는 힘의 원천이다.

활동 영역을 확장하라

다양한 그림책 관련 공부를 하며 수업을 해주신 강사님과 기관들이 성장하는 모습을 지켜보며 언젠가부터 막연히 나도 저렇게 되고 싶다는 생각들이 자리 잡기 시작했다. 대학원을 준비하며 만난 선생님을 통해 초등학교 돌봄교실에 창의 미술 수업을 나가게 되었다. 홈스쿨과는 또 다른 수업 분위기와 시스템에 유난히 많던 다문화 친구들의 분위기에 수업을 하고 오면 긴장이 풀려 몸살 기운이 돌 정도였다. 돌봄교실의 특성상 원해서 수업을 듣는 아이들이 아니라 참여도도 저조하고 방과후 수업이나 학원 스케줄에 들락거리는 아이들도 많아 20여명에의 아이들을 수업 하는게 여간 힘든게 아니였다. 그래도 큰아이가 학교에 있는 동안 할 수 있는 일이고 새로운 도전이기에 열심히 뛰어다니며 목이 쉬어라 수업을 했다. 첫 해는 자료실에 비치되어있는 한정된 재료를 이용해 수업을 하다가 아이들과 학부모님들의 반응이 좋아지자 내가 원하는 수업에 맞춰 재료를 구매할 수 있게 되었다. 2, 3년 차가 되자 1, 2학년때 수업을 듣던 아이들이 운동장에서 우연히 만날 때마다 "미술 선생님~!" 하고 뛰어오는 아이들의 반가워하는 모습이 그렇게나 뿌듯하고 기쁠 수가 없었다.

4년 차 되던 해 창의 미술에서 독서 미술로 수업 명을 바꾸고 그림책을 보여주며 수업을 하자 다문화 가정의 친구들의 미술 활동 참여에 긍정적인 효과를 보게 되었다. 그러면서 지역 내 아동센터나 다른 지역의 학교로 특강식의 파견 수업도 경험하며 수업의 무대를 점점 확장하게 되었다.

그렇게 주 1회는 학교 수업을 하고 홈스쿨 운영에 열을 올리며 매달 독서미술 교재 본사에서 진행되는 교육까지 열심히 참여를 했다. 당시 계약 중이던 교재 회사에서는 매달 다음달에 있을 교육에 대한 교수법이 진행되었는데 교육현장에 있지 않은 강사의 교수법이 너무나 형식적이었고 실제 수업과 동떨어진 부분들이 많아 정작 수업에는 도움이 되지 않았다. 결국 같이 교육받은 원장님들의 의견을 모아 본사에 전달했다. 하지만 독서미술이라는 수업의 특성상 대체할 만한 강사는 마땅치 않아 보였고 홈스쿨 원장님들의 불만은 본사 교육 미참석으로 이어졌다. 상사와 본사 사장님은 문제의 심각성을 인식하고 홈스쿨 원장 중 교육이 가능한 강사를 찾는 분위기였다. 그리고 아동 미술을 전공하고 미술학원도 운영한 경험이 있던 나에게 교수법 강의 제의가 들어왔다.

사실 나는 이전부터 이런 순간을 기다리고 있었고 준비를 하고 있었기에 단번에 제의를 받아들였다. 본사의 교육 강사 제의를 받아들였지만, 막상 같이 자격증을 따고 함께 자리에 앉아 교육을 받던 동료 원장님들 앞에 서서 교육을 할 생각을 하니 너무 떨리고 긴장이 되었다.

본사 교육을 위해 모아둔 수업 사진들과 자료들을 정리하며 생각지도 못한 문제에 직면했다. 바로 파워포인트였다. PPT 자료 하나도 못 만드는 주제에 어떻게 교육을 하겠다고 했는지 덜컥 대답해버린 나의 입방정에 후회를 하기는 이미 늦은 상황이었기에, 어떻게든 교육 자료를 만들어 내야 했다.

손목이 아프도록 마우스를 잡고 네이버와 유튜브를 오가며 PPT와 싸우기 시작했다. 한장 두장 아이들의 그림과 예시 자료들이 채워지며 아이들과 함께했던 수많은 수업이 주마등처럼 지나갔다. 사진을 정리하며 돌아보니 좋았던 순간과 후회되는 수업 부족한 부분과 보충할 부분들이 정리되었고 다른 원장님들도 비슷하리라 생각이 들었다. '그래! 내가 수업을 하며 느낀 것과 필요했던 부분들을 전달하면 되겠다.!'

기존에 회사에서 나온 교육 자료에 내가 수업을 하며 느낀 장단점과 보충이 필요한 부분 주의할 점에 더불어 그림책에 대한 이론과 독서강의를 들으며 알게된 관련 정보들까지 꽉 채워 교수법을 진행했고 그동안 형식적인 교육에 회의를 느끼셨던 원장님들의 반응은 기대 이상이었다.

교재 교육을 시작으로 신입 홈스쿨 운영에 관한 교육과 특강 그리고 외부 교육까지 독서미술에 관한 굵직한 교육을 하며 점점 강의 스케일을 넓혀가던 어느날 여성인력센터에서 이전 본사 교육에서와 비슷한 상황이 벌어졌다. 그림책에 대한 이해가 없던 강사와 현장 경험이 부족했던 강사들의 자격증 과정 수업에 대해 수강생들의 항의가 접수된 것이다. 그렇게 다음 교육과정이 잡혀 있는 상태에서 강사가 펑크를 냈고 본사 교육을 담당했던 내가 그 자리를 들어가게 되었다.

이번에도 무조건 하겠다고 대답을 했고 일단 부닥쳐 보기로 했다. 첫 번째 관문은 경기도 한 중심지에 있는 여성 인력센터 면접이었다. 센터장과 교육담당 팀장 또 다른 직원 총 3명이 차 한 잔과 함께 나를 기다리고 있었다. 성인 교육에 전혀 경험이 없던 강사이니 검증 절차가 필요한 듯해 보였다. 여성 인력센터는 주로 취업을 목적으로 많은 여성들이 문을 두드리는 곳이었는데 담당자는 수강생들이 내가 하는 수업 외에도 많은 교육을 받아본 분들과 고학력자가 많이 유난히 많다며 말을 꺼냈다. 다행히 학력이나 경력은 문제가 되지 않았지만, 수강생들에 비대 어린 나이의 강사라 신경이 쓰여 보였.

일단은 나의 실력을 증명할 무언가가 필요했고 돌봄교실과 홈스쿨운영 등의 현재 교육 현장에 활동중인 것을 어필했다. 나와 비슷한 연령에 우리 아이들과 또래 아이들을 키우고 있던 워킹맘들이라 독서교육에 대한 한계에서 불안감을 느끼고 있다는 것이 느껴졌다. 나는 홈스쿨을 운영하며 쌓았던 부모 상담의 스킬을 활용해 면접으로 시작하여 상담으로 이어진 30여 분의 시간 동안 그들의 마음을 사로잡았다. 그림책은 아이들이 태어나 처음 만나는 책이며 처음 접하는 매체이기에 그 친숙함과 아이들의 좋아하는 미술이 결합한 독서미술은 그들에서 큰 관심일 수밖에 없었다. 그렇게 시작된 자격증 과정의 강사 생활은 처음 7명으로 시작하여 점점 인원이 늘어갔고 인근 도서관에서 자격증 과정을 열어달라는 제의가 들어오기 시작했다. 독서교육에 관심이 많은 엄마들이 도서관에서 무료로 진행하는 교육을 놓칠 리가 없었고 당시 교육 담당자들의 자기 계발 프로젝트를 하던 도서관이라 당담 사서 선생님들이 여럿 내 수업을 수강했다.

　10명 남짓 앉을 수 있는 인력센터의 강의실에 3~4배는 되어 보이는 도서관 강의실 강단에 서려니 또 다른 긴장감이 몰려왔다. 거기에 뒷줄에 나란히 자리를 잡은 도서관 사서 선생님들의 열정적인 눈빛도 나를 압박하기 충분했다. 다행히 수강생들 대부분이 같은 시대에 아이들 키우고 있는 엄마들이라 나의 진심이 강의를 통해 전해졌고, 바로 전달 전주에 홈스쿨과 돌봄교실 등에서 진행한 수업 결과물들이 담긴 수업 사진들이 특히 반응이 좋았다. 당시 수강생 관리를 위해 만들 단톡방에 수업시간에 추천해준 그림책을 빌려간다는 사진과 책이 너무 좋아 구매를 했다는 이야기 그리고 수업시간에 보여드린 실기를 아이들과 직접 해보았다는 후기들이 올라오기 시작했고 같은 방에 있던 사서 선생님들이 수강생들의 반응을 보며 아이들 수업을 제의하기 시작했다. 일회성 수업을 시작해 방학중 독서 교실수업을 진행 해달라 요청하셨고 수업 중 보여드렸던 실기물 사진에서 아이디어를 얻어다며 새로 기획하는 수업들도 있었다. 그림책에 대한 인기가 많아질 무렵 한 도서관에서 임신부를 위한 태교 수업을 제안해왔다.

　이번에도 나는 무조건 '하겠습니다.' 하고 답을 보냈다 아이셋을 낳은 나로서는 이전의 새로운 도전과 다르게 반가운마음과 자신감이 들었다. 태교에 좋은 그림책을 찾고 기존 태교에 관한 수업들을 찾아보았다. 주로 산부인과에서 무료로 여는 수업들이나 산후조리원에서 열리는 수업으로 대부분 배 속의 태아에 초점이 맞춰진 모빌 만들기나 손 싸개 발싸개 만들기 등의 수업들이었다. 아이 셋을 임신한 동안 나도 여러 번 만들어 본 신생아 용품들이라 너무 뻔하다는 생각이 들었다. 그리고 내가 임신을 했을 때 느꼈던 감정들과 생각들을 기억해가며 남편과의 만남부터 처음 아이의 존재를 알게 된 순간 그리고 임신이라는 험난하지만, 행복한 과정까지를 담아 출산 후 잠깐 쓰는 신생아 용품이 아닌 아이가 애착을 가지며 그림책과 함께 할 인형까지 스토리가 있는 프로그램을 만들었다.

'독서태교미술' 이라는 새로운 프로그램에 대한 반응은 뜨거웠고 같은 시에 있는 또 다른 도서관에서의 강의 제안들이 이어졌다. 이후 다문화 여성을 위한 프로그램과 지역내 다문화 아동센터에서의 수업으로 이어지며 독서미술을 다양한 대상과 함께 할 수 있는 스펙트럼이 만들어 졌다. 이런 경력을 바탕으로 들어가기 힘들다는 롯데 백화점 문화센터에도 출강을 하게 되었다. 첫 강의 날 강의실 문 앞에 LCD 모터에 쓰여 있던 '독서미술지도사 강사 오민경' 이라는 글씨와 새 책상과 새 보드 프로젝터가 돌아가는 소리와 방향제 냄새가 아직도 생각이 난다. 수요일이면 나는 백화점 개점 시간에 맞춰 평소 학원이나 학교에서는 입기 힘든 정장에 구두를 신고 화장에 공을 들이고 롯데 백화점 문화센터로 수업을 하러 갔다. 수업 후 먹는 혼밥도 참 좋고 얼마 안되는 강의료로 행사장에서 사는 옷도 나에게 주는 선물 같았다. 방학이면 저조한 신청률로 폐강을 해야 했지만 집근처에서 하는 수업은 백화점이라는 장점과 함께 숨구멍 같은 시간이라 최소한의 수강인원이면 교육에 대해 감을 잃지 않기 위해 개강을 이어 나갔다. 그때 처음 만난 1기분들과 2기분들과는 아직도 특별한 인연을 이어가고 있고 지금까지도 연락을 주고받으며 학부모로 다시 만나고 연구원으로 다시 인연이 이어지는 소중한 경험을 하고 있다.

이런 수업 활동을 하면서 나는 일년에 한두번은 꼭 전시 참여를 했다. 짧게 나마 작업실도 가질수 있었고 짬을 내 그림을 그리고 동문전 및 회원전에는 밤을 새서라도 참여를 하고 있었다.

어딜가나 책만 있으면 말썽 없이 있어 주던 아이들 덕에 혼자서도 겁

없이 아이 셋을 데리고 전시를 보러 다녔었고 어느 날 후배들의 졸업전시에 아이 셋을 데리고 참여를 했다. 아이들이 어릴때부터 만난 교수님들과 후배들은 아이들을 참 잘 챙겨 주었고 전시 뒷풀이에서 아이 셋을 앞에 두고 정신없이 고기를 굽고 있는데 수원의 한 박물관의 교육 담당자가 나에게 명함을 건넸다 곧바로 나노 명함을 건넸고 내 명함을 받은 교육담당자는 아들이 내가 하는 문화센터 수업에 신청을 했었다는 이야기를 했다.

안타깝게도 인원 미달로 폐강이 되었는데 독서미술 그림책과 미술 이라는 타이틀이 계속 머릿속에 남아 있었고 마침 박물관에서 책과 관련된 교육을 준비중이란 말을 했다. 생각지도 못한 장소에서 새로운 기회가 다가온 순간을 놓칠 수 없었던 나는 아이셋을 앞에 앉혀 놓고 고기를 구워 먹이며 요즘의 우리나라 그림책 시장과 한국 그림책의 위상 그리고 위인전이 아닌 인물 이야기 그림책에 대한 이야기등을 장황하게 늘어놨다. 밥이 입으로들어 가는지 코로 들어가는지 모르겠다는 말을 실감을 하고 집으로 돌아왔다. 며칠 뒤 담당자에서 다시 연락이 왔고 본격적으로 박물관 수업에 대한 기획이 오갔다.

역사를 전공하지도 않은 내가 어떻게 수원을 대표하는 박물관에서 수업을 하지 라는 불안감도 있었지만 나를 찾은 이유를 다시 한번 더 되내이며 나만이 할수 있는 그림책 역사 수업을 만들어 갔다. 처음 몇 달은 정식 프로그램이 아니였지만 회차가 거듭되며 신청자도 늘고 매니아 층도 생기며 지금은 박물관을 대표하는 어린이 프로그램으로 5년째 오픈과 동시에 대기까지 마감을 기록 하고 있다. 후에 담당 선생님은 아이셋을 혼자 데리고 와서 고기를 구워먹이며 그림책 이야기를 하는 나의 모습에 저사람은 뭐든 해낼 것 같은 사람이라는 느낌에 수업을 맡겼다며 지금도 서로 웃으며 그때 이야기를 꺼내곤 한다.

시대의 흐름을 읽고 트렌드를 파악하라

지금처럼 SNS가 빠르고 정보 공유의 수단이 아니였던 시절 메스컴 외에는 육아를 하며 얻을 수 있는 정보는 육아 카페를 기웃거리거나 육아 잡지, 서적에 한정 되어 있었다. 물론 그렇게 얻는 정보는 확실하고 대중적이기는 했으나 남들보다 먼저 무언가를 준비하기에는 시대를 앞선 정보는 아니였다. 전업맘이 아이를 데리고 다니는 동선 또한 뻔했기에 우물 안 개구리가 된 것 같은 느낌이었다.

그러던 어느 날 큰아이 문화센터 등록을 위해 집 근처 몇 군데 마트에서 들고 온 전단지들을 보며 교육에 대한 유행과 흐름을 알 수 있게 되었다. 그당시 오감,퍼포먼스,등 아이들의 대근육과 오감을 자극하는 수업들이 큰 인기가 있었고 우리 아이도 비슷한 수업을 신청했다. 아이를 데리고 다니며 선생님이 수업을 하시는 모습을 보며 재료와 교구 수업 방식등을 꼼꼼하게 보기 시작했다. 내가 이 주제라면 이런 재료보다는 다른 재료를 썼을텐데 나름 수정도 해보고 수업 아이디어도 내보며 적극적으로 수업에 참여하던 시절이 있었다.

그 후부터는 문화관련 간행물이나 안내 책자 브로셔등을 모아 분석을 하고 인기 강사나 과목을 인터넷 검색을 통해 정보를 얻었다. 둘째,셋째 까지 4-5년을 그렇게 인근에 문화 센터를 섭렵하듯이 수업을 들었고 아이들이 크면서 도서관이나 구청등으로 활동 범위를 넓혔다. 그렇게 하다 보니 그 사이에 유행하던 웬만한 유아 관련 수업을 다 들어보게 되었고 다음에 유행할 교육에 대한 감이 잡히기 시작했다.

그러다 보니 동네에서 조금 앞서가는 교육을 하던 어린이집을 보내게 되었고 그 당시 본인의 교육관에 자부심이 있던 원장님 덕분에 부모 교육을 통한 한국 교육시장의 흐름도 파악할 수가 있었다. 당연히 주변 엄마들도 아이 교육에 관심이 많았고 집 근처에 있는 네 개의 도서관을 십분 활용해 독서 관련 교육을 함께 찾아다녔다. 그림책에 대한 정보를 모으고 그림책 작가의 강연을 들으며 근처 도서관에서 하는 프로그램에 홈스쿨 아이들도 참여 시키기 시작했다. 그림책 표지에서 이름만 보던 작가님을 실제로 만난 아이들은 마치 연예인을 만난 듯 신기해 하며 준비해간 그림책에 본인이름으로 사인도 받고 함께 사진도 찍으며 어릴 때부터 늘 가던 도서관에서 새로운 추억을 만들어 갔다.

이런 과정들은 모두 카카오 스토리에서 인스타로 넘어가며 계속 사진으로 남겨 두었고 아이들과 함께 도서관 생활을 하고싶어 하는 주변 엄마들 덕에 홈스쿨은 나날이 확장이 되어 갔다. 우리 아이들과 동갑내기 친구들이었던 아이들을 하교시간에 맞춰 데리고와 간식도 먹고 학교 생활 이야기도 고민도 함께 하기 시작했다. 그림책을 보며 깔깔거리며 웃기도 울기도 하고 날이 좋으면 야외수업도 하고 미술관과 도서관을 다니며 홈스쿨은 동네에서도 입소문이 나기 시작했다.

홈스쿨 수업과 살림까지 한 공간에서 하다보니 늘어가는 그림책과 미술 재료들로 일상 생활이 불편해지기 시작했다. 책장은 점점 그림책으로 꽉 차 새로운 책장을 들이는 지경까지 이르렀고 아이방의 베란다는 홈스쿨 미술용품과 재료들로 넘쳐났다. 무엇보다 일하는 공간과 휴식 공간의 분리가 필요했던 나는 몇 달을 고민한 끝에 교습소라는 새로운 도전을 하기로 마음 먹고 공간을 찾기 시작했다. 그리고 집 근처 비어있던 상가를 귀신에 홀린듯 계약을 했고 인테리어와 서류 작업 및 교육청등의 신고 절차를 마친 뒤 코로나와 함께 학원을 오픈했다. 당시 외부 수업으로 충분히 월세는 낼 수 있다는 자신감으로 시작을 했는데 코로나로 인한 집합정지가 시작이 되었고 외부 수업은 하나 둘 휴강에 들어갔다. 팬데믹 일년간은 박물관 수업도 백화점 문화센터도 간간히 들어오던 도서관등의 외부수업도 모두 올스톱이 되었다.

 수입을 떠나 이러다가는 수업의 감마저 떨어 질지도 모른다는 생각이 들어 덜컥 겁이났다. 그동안 모아놓은 돈으로 월세를 충당해야 하는 사태가 벌어졌지만 다행히 몇 달정도 임대료 삭감을 받게되었다. 간판은 걸었지만 홈스쿨 수강생들 한두 팀 외에는 수업도 없고 상담 문의도 없었다. 어쩌면 팬데믹을 처음 겪는 시기에 당연한 일이었다. 수업은 없었지만 마침 재택근무를 하던 친한 동생과 함께 매일매일 학원으로 출근을 했다. 아이들도 외출이 힘드니 학원에 불러 하고 싶은 그림을 그리거나 만들고 책을 보며 시간을 보내곤 했다.

 일단은 누구라도 상담을 오길 기다리며 사람의 온기로 공간을 채워야겠디고 생각이 들었다. 길어도 한달이면 끝날꺼라 생각했던 팬데믹 상황은 날로 심각해지며 끝날 기미가 보이지 않았다. 발빠른 미래 학자들의 예측은 틀리지 않았고 냉정하게 상황을 바라보며 유튜브를 통해 유명 강사와 교수 미래학자들의 강의를 들으며 앞으로 바뀔 미래에 대비를 하기로 했다. 일단 내가 지금 할 수 있는 것이 무엇인지 생각하고 바로 실행에 옮겼다. 아이들이 학원으로 오지 않으니 수업이 집으로 가야 겠구나 라는 생각으로 독서미술 키트를 제작하고 우리 아이들과 지인 아이들이 독서미술 활동하는 모습을SNS에 올리기 시작했다.

 얼마 뒤 한 기관에서 독서미술 키트수업에대한 의뢰가 들어왔고 그 과정에 키트판매를 위한 스마트 스토어와 통신판매 허가를 받았다. 영상 장비를 들이고 혼자 동영상을 찍고 어설픈 편집을 배우며 비대면 수업을 준비하기 시작했다. 6회기 수업을 무사히 마치고 학교 수업 외 공공기관등의 비대면 수업이 많지 않던 시점이라 인터넷 지역 신문에 기사화가되었다. 얼마 뒤 박물관에서도 비대면 수업을 시작했다. 지난 일년동안 학교에서 하는 비대면 교육에 익숙해진 아이들과 부모님들은 기다렸다는 듯 수업을 신청했고 이역시 성공적인 수업으로 수원시 인터넷 신문을 통해 기사화 되었다. 본의아니게 비대면 수업의 흥행을 통해 기사를 타고 나니 새로운 수업에 대한 자신감이 생겼다.

　팬데믹에 학교도 기관도 가지 못하고 집에서 유튜브와 게임등에 노출되는 아이들이 늘며 독서교육에 구멍이 생기기 시작했다. 아이들과 24시간을 붙어있는 부모님들이 먹거리와 함께 아이들의 독서교육까지 채우기에는 힘든 일있었고 독서미술을 타이틀로 건 우리 원에는 문의가 하나 둘 늘어 갔다. 일반 교습소에 비해 넓은 공간과 소수정예 수업 그리고 다양한 재료를 이용한 창의적인 미술수업에 상담은 늘었지만 신규등록으로 이어 지는 경우는 많지 않았다 교육 프로그램은 마음에 들지만 언제 또 집합 금지나 확진자가 늘지도 모른다는 공포감과 격리라는 특수한 상황들로 정규 과정 신청을 고민하는 것이었다.

　그래서 원비를 책정할 때 회당금액과 주차별 결제시스템을 도입하고 원데이 클래스를 통한 일일체험 프로그램과 한시적으로 특수한 경우 이월을 하거나 보충을 위한 대비를 했다. 정규 등록에 대한 부담이 덜해진 부모님들은 일단 원데이 클래스를 신청하기 시작했고 곧이어 정규 등록으로 이어졌다. 내 아이와 친구들만의 수업을 원하는 경우 팀을 만들어 오기도 했다. 그림책 내용과 수업에 대한 브리핑을 아이들이 수업을 하는 모습과 쉬는 시간 책을 보는 모습과 함께 카카오톡을 이용해 보내드렸고 집에서 보기 힘든 아이들의 모습은 부모님들의 SNS와 카카톡 프로필을 장식했다. 점점 입소문을 통해 남아있던 시간들도 차차 채워지기 시작했다 팬데믹으로 불어 닥친 SNS열풍에 교습소 오픈전부터 꾸준히 관리 해온 인스타도 홍보에 한 몫 했다. 학원이 어느정도 자리가 잡히고 나니 잊고 있던 외부 수업들이 걱정 되기 시작했다.

　그리고 성인을 대상으로 한 독서미술 지도사 과정을 비대면으로 진행할 준비를 시작했다. 5-6년을 해오던 수업이었지만 오프라인 강의와는 또다른 준비가 필요 했다. 센터에서 해주던 홍보부터 수강생 모집 신청 폼등을 직접 만들었다. 강의준비 역시 직접 들고 다니며 보여 주면 됐던 자료들을 모두 PPT로 만들어야 했다. 무엇보다도 오프라인에서 자유로웠던 수강생들과의 상호 작용이 비대면으로 가능할지 걱정이 되었다.

　　인스타와 블로그를 통해 홍보를 시작했고 10명만 아니 5명만 신청해도 개강을 하리라 마음을 먹었다. 디엠과 카카오톡으로 들어오는 문의사항에 답을 하고 전화 상담도 하며 많은 분들이 원하는 수업이라는 것을 한번 더 느꼈다. 첫 비대면 수업에 20명이 넘게 신청을 해주셨다. 육아를 하는 엄마부터 취업 준비생, 어린이집, 미술 학원, 논술 학원, 영어 학원, 공부방 선생님들까지 생각보다 많은 분야에서 필요로 하는 것이 무엇일까 다시 한번 생각 하게 되었다.

　　자격증 과정인만큼 이론적인 부분도 중요했고 이론과 더불어 그림책과 그림책 활용법 그리고 실제 수업내용이 있으면 좋겠다는 생각을 하게 되었다. 강의를 듣고 바로 수업이 가능한 자료를 만들기 위해 지난 몇년간 클라우드 파일을 뒤져 직접 수업한 사진들을 정리해 수업자료를 만들었다. 개강 첫 날 카메라 속 수강생들의 모습은 거리감이 더 느껴졌고 긴장은 배가 되었다.

　　전국에서 신청해 주신 수강생분들의 신청 이유와 자기소개, 강사 소개 등으로 한결 자연스러워진 분위기 속에서 첫 수업을 진행했고 이런 것 까지 알려줘야 하나 싶을정도로 작은 팁도 수업 틈틈이 생각나는대로 알려 드렸다. 다 아는 이야기면 어쩌지? 라고 걱정도 되었지만 다행히 현장에 계신 선생님들의 그렇게 퍼주셔도 되냐는 농담 섞인 반응이 나올 정도로 좋았다. 수업 내용이나 팁을 대박집 비밀병기처럼 여기는 분들이 많은 미술학원 생태계에서 고생고생해 초임 생활을 하던 분들과 SNS에서 남의 수업을 자기 수업처럼 사진을 올리는 행태에 마음을 상하신 선생님들은 나를 걱정하셨지만 좋은 것을 나누고 그릇을 비워야 더 좋은 것으로 채울 수 있다는 생각을 가진 나는 '제가 전국을 다니며 아이들을 만날수도 없는데 선생님들이 좋다고 판단 하시고 수업을 해주시면 저도 감사하죠' 라는 말로 대답을 대신했다.

진심은 통한다고 했던가 회차가 거듭 될수록 선생님들의 뜨거운 반응에 힘입어 좀 더 퍼드리고 나누고 싶은 마음이 커져갔다. 그리고 이렇게 좋은 분들 뜨거운 열정과 교육철학을 가진 분들과 오랫동안 함께 하고 싶은 마음도 커져갔다.

함께 해야 오래 간다

처음 교습소를 오픈 할때는 개인 작업실 겸 수업을 하는 공간으로 계획을 했지만 팬데믹을 겪으며 사람과 사람의 사이를 고민하며 시대에 맞춰 누구나 함께 그림책으로 소통하고 미술로 표현하는 하는 공간으로 운영 마인들를 바꾸었다.

공교육이 채우지 못하는 부분을 채우는 사교육을 지향하며 아이들 외에도 청소년과 청년 그리고 모든 연령의 사람들이 그림책과 함께 하는 공간이 되기를 꿈꾸던 어느날 수원시 문화 재단을 통해 동행공간 이라는 사업제안을 받게 되었다. 수원의 각 생활 지역별 여러 공간들이 문화공간으로써의 역할을 하며 지역주민들과 함께 한다는 취지가 마치 나의 머릿속을 들여다 본듯한 느낌이었고 이번에도 '네 하겠습니다' 로 대답을 했다. 마침 가족들의 전폭적인 지지로 근처 좋은 공간을 매매해 이사를 계획 중이었고 모든 연령이 함께 하는 공간을 컨셉으로 인테리어를 시작했다. 팬데믹과 함께 학원을 오픈하고 딱 2년만의 일이다.

학부모님과 아이들의 환호와 축하속에 새로운 공간으로 이전을 하고 동행공간 사업을 인스타를 통해 홍보를 하며 그동안 독서미술과 그림책에 관심이 있었던 여러분들이 아트인더북을 찾아 주셨다. 비대면으로 수업을 들으셨던 분과 이런 공간을 가지고 싶은 분들, 비슷한 업계에 종사 하시는 분들도 찾아 오셨다. 동행 공간 사업이 아니였다면 인스타 댓글이나 단톡방에서나 인연이 되었을 분들이었다.

이렇게 또 새로운 도전을 시작했고 얼마 뒤 다른 동행공간 대표님을 통해 어르신들과 함께 그림책 아트 테라피 수업을 하게 되었다. 그동안 노년을 겪어보지 않아 두려워 했던 수업이었는데 시기 적절하게 다가온 기회로 나는 어르신들을 통해 그림책과 미술이 주는 신비한 힘을 다시 한번 깨닳게 되었다.

그림책은 사람과 사람을 이어주고 소통하게 해주는 힘이 있다. 이런 그림책은 아이들의 마음도 읽게 해주는데 아이들은 어른의 속을 빤히 뚫어보는 영적인 힘을 가지고 있어 말로 뱉어내지 않아도 수업을 하기 싫은 날 아이들은 귀신같이 알고 수업분위기가 흐려졌다. 아이들은 교사의 눈빛만 보아도 나를 좋아하는지 저 선생님이 오늘 수업을 하고 싶은지를 아는 듯 했다.

기본적으로 아이를 사랑하고 이해하는 마음이 있어야 선생이라는 직업을 할 자격이 있다고 생각을 하고 그렇게 배웠다. 아이들을 바라보는 눈빛과 손짓 대답 하나도 아이들 귀에 잘 들리고 나의 마음을 잘 느끼게 하려고 노력을 했다. 마스크를 쓰고 수업을 해야하는 최악을 상황에 나는 아이들이 원에 들어오는 순간부터 무릎은 접고 앉아 눈을 맞추고 외투를 받아들이며 자연스럽게 스킨쉽을 하고 단 몇 초라도 인사를 나눈다. 아이들은 원에서 있던 일부터 집에서 있던일 속상한 일 자랑하고 싶은 이야기등은 꺼내고 나는 최대한 반응을 해준다.

독서미술이라는 프로그램과 더불어 학부모님들이 아이들이 선생님을 너무 좋아해요 라는 말이 나는 참 고맙고 감사하다. 수업을 떠나 사람과 사람이 만나 사람들이 함께 하는 일이기에 이런 부분은 성인들과 함께 할때도 매우 중요하다. 강의때마다 한사람씩 모든 분들과 매시간 이야기를 나누는 것은 불가능 한 일이지만 첫 시간 만큼은 이름을 부르고 자기소개에 경청하며 내강의에서 원하는 부분이 무엇인지 체크하고 드릴 수 있는 부분을 채워 드리고자 메모를 한다.

한때는 나도 했던 고민이고 궁금했던 부분이었지만 선배도 없고 물어볼 만한 사람도 없어 울고 웃으며 고민스러운 세월을 지나왔기에 일과 중 단톡방이나 개인적인 연락을 통해 하시는 질문은 웬만하면 거르지 않고 대답을 해드리고 고민을 나누며 함께 해결 방법을 찾아가고 있다. 많은 상담과 코칭을 통해 수업외 경영이나 창업 부분에서도 많은 고민을 하시는 것을 알게되었고 16주라는 짧지 않은 지도자 과정을 마치고 아쉬워 하는 분들을 위해 내가 겪은 일들과 노하우를 엮어 특강을 진행하기도 했다.

왜 이제야 나를 알게 되었는지 이제라도 오민경 선생님들 만나서 너무 감사하다는 말들과 나보다도 한참 연배가 높으신 선생님들이 많이 배우고 있다는 겸손한 말씀 한마디에 나 또한 그분들께 도움이 되었다는 감사함을 느끼고 있다. 이런 감사함과 소중한 인연을 오랫동안 함께 하기위해 '아트인더 북'이라는 이름을 상표등록 하고 '독서미술 연구회'를 만들어 활동을 시작했다.

내년부터 전국 각지에서 독서미술 수업을 하고 계시는 연구회 선생님들과 함께 새로운 독서미술 컨젠츠를 개발하고 독서미술 지도사 1급과정을 통한 전문 강사 발굴에 힘쓸 예정이다. 강사 스스로가 프로그램을 개발하고 다양한 분야에서 활동 하실 수 있는 길을 만들어 드리며 '아트인더북 독서미술 연구회' 이룸으로 인생의 여정을 함께 하고 싶다.

에필로그

오랫동안 미술 교육에 몸 담고 세 아이를 낳고 육아를 하며 만난 그림책은
나에게 헤테로토피아 같은 존재였다.

그렇게 그림책과 만들어 온 길이 어느덧 10년이 넘었고
나의 발자국 하나하나를 모아 이정표로 만들어 왔다.

그리고 이제 같은 뜻을 가지고 모인 이들과
발자국이 모아 또 다른 누군가의 지도가 되기를 바라며 이책을 마무리 한다.

저자 소개

오민경 | 청중중심의 강의 스킬
독서미술 컨텐츠개발, 독서미술창업 코칭

개인전 2회 및 국내외 단체전 50여 회
경기도전 특선 및 다수 공모전 수상
독서미술 전문 교육기관 아트인더 북 대표
아트인 더 북 독서미술연구회 운영
독서미술 지도사 자격증 교육
독서미술 창업 코칭
부모 교육 프로그램 연구 및 컨텐츠 개발

인스타그램 artin_thebook

    독서미술 전문 교육기관 아트인 더 북 대표로 화성박물관, 유림청소년 문화의 집 등에서 아이들에게 그림책과 미술을 융합한 다양한 수업을 하고 있으며 학부모와 여러분야의 선생님들을 대상으로 독서미술 지도사 자격증 과정을 비대면으로 진행중이다. 현재 작가로도 활동중이며 경기도전 특선 및 다수 공모전 입상을 비롯해 개인전2회와 국내 및 해외에서 50회 이상의 전시를 하며 작가로써의 꿈도 이뤄가고 있다.

    대학에서 아동미술과 대학원에서 조형예술과 서양화를 전공하고 어린이집 유치원 문화센터 등에서 미술교사로 근무했다.

    결혼과 함께 세아이들 낳고 키우며 자연스럽게 그림책 육아와 엄마표 미술활동을 시작해 그림책 매력에 푹 빠져 이제는 독서미술 전문가가 되었고 독서미술지도사 자격증 취득 후 로도아이에서 독서미술 교재 개발 및 독서미술 홈스쿨 교육담당, 성남여성인력센터, 중원도서관,수정도서관,수원롯데백화점에서 성인을 대상으로 한 독서미술지도사 자격증 과정을 강의하고 고색뉴지엄, 화성박물관, 세류 초등학교, 천천초등학교에서 아이들과 함께 독서미술 수업을 했다. 시흥시 교육지청,명인 초등학교,명인중학교.세류행정복지센터 등에서 부모교육 및 교사 연수를 진행 독서미술관련 다양한 교육을 진행 했다.

아트인더북 독서미술 연구회를 기반으로한 0세부터100세까지 함께 할 수 있는 다양한 독서미술 프로그램과 컨텐츠를 만들어 갈 예정이다.

NOTE

Secret Lecture Skills

강사에게 필요한 4가지 기술

유별아

두려움을 기회로 전환하기
'나'다운 강의 스타일 찾기
상상을 현실로 만들기
청중을 호의적으로 만들기

두려움을 기회로 전환하기

"어떤 일 하고 있어?"

내가 20대 중반일 때, 사람들이 이름 다음으로 많이 물어본 질문이다. 요즘은 나이와 직업, 결혼, 자녀 유무같이 사적인 질문은 하지 못하게 눈치 주는 사람들도 꽤 있지만, 10년 전만 해도 새로 만나는 사람들이나 친구, 친척들에게 하는 일을 묻고 답하는 것이 인사치레였던 것 같다.

대학 졸업 후 이런저런 아르바이트를 하던 때엔 직업이 무엇이냐고 물어보는 사람들이 싫었다. 싫다기보다 두려웠다가 더 맞을 것 같다. 나에 대해 말하는 것도 다른 이의 취업 소식을 듣는 것도 두려웠던 그 시절은 사계절 내내 차가운 겨울과 같았다.

27살이 되던 해 4월 드디어 끝이 보이지 않던 겨울이 지나고 나에게도 봄이 찾아왔다. 누구나 이름 들으면 알 수 있는 기업에 취업했고, 내 이름이 새겨진 명함이 생겼다. 드디어 질문에 답할 수 있게 되었다.

'무슨 일 하는지 누가 안 물어봐 주나?'

어깨와 가슴을 한껏 치켜 올리고 다녔던 그 시절 나의 직업은 '강사'였다. 그리고 40대를 바라보는 지금의 내 직업도 '강사'이다. 사실 나는 강사로서의 '행복' 이야기보다 '두려움'에 대해 할 이야기가 더 많다.
그렇다고 강사 생활이 불행하다는 이야기는 아니니 강사를 준비하거나 시작한 분들이 미리 겁먹을 필요는 없다.

사내 강사가 되면 회사가 원하는 방향에 맞게 교안을 만들고, 먼저 교육하던 선임 강사를 보고 배우며 강의 스타일도 그에 맞춰지게 된다. 여기에서부터 나의 두려움이 시작되었다.

첫 교안을 만들고 선배 강사들 앞에서 시연할 땐 심판대에 올라서 결과를 기다리는 죄인과 같은 마음이 된다. 시선 처리, 제스처, 목소리, 교안 구성, 복장, 하나하나 수정해야 할 것투성이에 내가 이렇게도 무능력한 사람이었는지 한없이 반성하며 신입 시절을 보냈던 것 같다.

어떻게 얻게 된 일자리인데 여기에서 그만둘 순 없지 않은가?

피드백 받은 모든 것들을 반영하여 맞춤형 강사가 되기 위해 밤새워 연습하고 또 연습하며 회사에 어울리는 강사가 되어간다.
여기까지는 회사에 적응하기 위해 고군분투하는 일반적인 회사 신입사원이 겪는 어려움과 비슷하다고도 생각된다.

신입 사원이 회사에 적응해 '알잘딱깔센(알아서 잘 딱 깔끔하고 센스있게)'하는 사원이 되기까지 그 시간을 견디기 위한 각자의 팁이 필요한 것처럼 강사의 길을 가고자 한다면 이 시기를 제대로 겪어내야 한다.

지금 나는 기업 소속이 아닌 프리랜서 강사로 일하고 있지만, 이 시기에 배운 것들을 아주 잘 활용하고 있다.
강사로 첫발을 내디디며 여러 가지 두려움으로 힘든 시기를 보내고 있다면 내 경험을 참고해서 두려움이 아닌 기회의 시간으로 보내면 좋겠다.

피드백 받을 기회를 만들라!
이 시기에 가장 두려웠던 것은 선배 강사들에게 받는 피드백 시간이었다. 첫 시연 강의를 하며 내가 무슨 말을 하고 있는 것인지, 표정은 어땠는지 머릿속이 새하얘져서 빨리 이 시간이 끝나기만 바랐다. 쏟아져 나오는 피드백을 적어 보니 '다른 사람이 되어야 하는 것일까?' 자존심이 상하고, 자존감이 떨어졌다.

메시지가 청중에게 제대로 전달되게 하는 것에 집중할 것인가? 아니면, '있는 그대로의 나를 봐주세요.', '그냥 좀 넘어갑시다!' 하고 시간 때우기 식의 강의를 할 것인가? 선택해야 했다. 이때, 나는 두려움을 기회로 전환하고자 하는 첫 노력을 시작했다.

강의하다 보면 특정 말투, 제스처, 표정, 자세가 습관처럼 굳어진다. 굳어진 강의 스타일은 청중에게 전달하려는 메시지를 방해하는 걸림돌이 되기도 한다. 예를 들어 '어...', '음...', '아...' 와 같은 추임새의 반복은 거슬리는 소리로 강의의 신뢰도를 떨어트리기도 하고, 삐딱하게 기대어 서서 하는 강의는 진정성이 전달되기 힘들다.

나의 습관이 강의를 어떻게 방해하고 있는지 객관적으로 볼 필요가 있다. 지금의 내가 있기까지 그때 받았던 피드백은 그 무엇보다 값진 것이었다. 프로 강사가 되기 위한 시간이라고 생각하면 피드백의 두려움은 곧 기회가 된다. 선배 강사에게 피드백을 받을 기회가 있다면 두려워하지 말고 듣자.
프리랜서 강사로 전향하고 나서는 피드백을 받을 기회가 많지 않다. 나를 위한 강의가 아니라 청중을 위한 강의를 하자고 다짐했던 초심을 지키기 위해 지금도 종종 스스로 피드백의 시간을 갖는다.

담당자에게 양해를 구하고 핸드폰을 강의실 뒤에 설치해 동영상을 촬영해 보는 것도 좋다.
'내가 이런 표정으로 강의 한다고?' 영상을 확인하면 내 표정과 현장 분위기를 적나라하게 볼 수 있다. 나를 객관적으로 볼 기회가 많지 않은 지금은 이 방법으로 굳어진 습관이나 표정을 고칠 수 있게 되었다.

피드백 받을 여건이 되지 않는다면 핸드폰을 설치하여 동영상을 찍어보고, 가능하다면 담당자가 촬영한 강의 사진이나 영상을 받아보자.

대부분 강의 후에 참여자의 만족도 조사가 이루어지는데, 이것 역시 강의 스킬을 향상하는 데 많은 키워드를 얻을 수 있으니, 꼭 받아볼 것을 추천한다. 사진과 만족도 조사 결과물은 피드백 도구이기도 하지만 강의 제안서를 쓸 때, 경력을 증명하는 자료가 될 수 있으니, 그것을 위해서라도 모아두면 좋다.

나를 알아가는 시간은 필요하다.
끊임없이 교안을 만들고 행사를 준비하고, 지방 출장이 많았던 사내 강사 시절엔 책임감에 똘똘 뭉쳐 나를 돌아볼 새도 없이 일에 미쳐있었다.

사내 강사는 회사의 색을 담아내고 의도가 담긴 강의를 하게 마련이다. 맞춰진 틀 안에서 안정을 추구하는 내 성향과 사내 강사 일은 잘 맞았지만, 힘들고 버거운 내 마음을 들여다보는 법은 몰랐다. 어린 시절부터 속마음을 표현하지 못하고 담아두는 성격도 나를 점점 병들게 하는 데 한몫했다.

사내 강사일지라도 본인의 의견과 스타일을 담아 강의할 수 있지만 해가 지날수록 내 개인의 스타일보다는 회사 맞춤형 인간이 되는 것 같았다. 원래의 내가 없던 것처럼 느껴졌다.

가슴이 두근거리고 숨이 잘 쉬어지지 않았다. 무슨 일이 생길 것만 같은 두려움이 몰아쳐 밤을 지새우는 일이 잦아졌다. 회사 가기 전 주말엔 편히 쉬지 못하고 일과 사람 스트레스에 숨이 막혀왔다.

어릴 때부터 정신력이 강해야 하고, 스스로 일어서야 한다는 강박이 있었는데 내 의지로 조절할 수 없는 신체의 반응들이 용서가 안 되었다. 그런 생각이 꼬리를 물 수록 불안 증세는 심해졌다.

강의를 끝내면 누구보다 보람을 느끼고, 청중의 박수 소리에 희열을 느끼며 살아있음을 느꼈다. 돈 받으며 좋아하는 일을 하는 행복한 몇 안 되는 사람이 나라고 생각했다. 그런데 왜 이렇게 되어버린 건지 스스로 채찍질하며 나를 더 벼랑 끝으로 몰아갔다.

이맘때 병원에서 받은 건강검진 결과도 좋지 않았다. 이대로 모른척하고 강사 생활을 계속하기엔 몸에서 보내오는 신호가 너무 컸다.

도전 정신이 별로 없던 나를 프리랜서 강사로 전향하게 했던 것은 거대한 목표 의식이 있어서라기보다 더는 못 견디겠다고 신호를 보내온 몸과 마음에 의한 반강제적 결정이었다.

퇴사하고 난 뒤, 계획형 인간인 나에게 자유 시간이 주어지는 것은 너무 힘든 일이었다. 강의하지 못하고 흘려보내야 하는 시간이 두려움으로 다가왔다.

심리상담센터를 찾아 상담 치료를 받기 시작했다. 짧은 시간에 이렇게나 많은 나의 이야기를 해보긴 처음이었다. 그동안 타인에만 관심을 갖고 신경 써봤지, 나의 기분에 대해 생각해 본 적이 없다는 것을 알게 된 것도 상담을 통해서이다.

상담 받으면 매주 과제가 주어진다.

대부분이 나의 감정 알아채기, 나에 대해 깊이 들여다 보기와 같은 주제인데, 무엇이든 주어지면 성실하게 해야 하는 나의 성향이 이럴 때 도움이 되었던 것 같다. 거기에다 비싼 돈을 들여 찾은 곳이니 백수는 더 성실해질 수밖에 없었다.

퇴사 후 심리 상담을 통해 나를 들여다보는 시간을 가진 것은 참 잘한 일이다. 스스로 감정을 알아채는 것도 어려웠던 나였지만, 이제는 어떠한 상황에 스트레스를 받는지, 무엇을 할 때 기분이 좋아지는지 자신 있게 대답할 수 있게 되었다. 성실히 상담 과제를 완수하고 남편의 따뜻한 응원을 받으며 불안증세도 줄어들었다.

강사는 수많은 사람을 만난다. 그들의 감정을 들여다보며 소통하려고 노력한다. 그러다 보니 눈치가 빠르고 센스 있는 사람이 될 수밖에 없다. 나의 내면을 들여다보고 관심 갖는 시간은 상대적으로 줄어들 수밖에 없다.

쌓아두고 참아내는 스타일이라면 에너지를 밖으로만 사용하다가는 방전되고 강사 일을 오래 할 수 없다. 그러니 반드시 강의 후, 주말, 잠들기 전 잠깐의 시간이라도 나에게 투자해서 감정을 어루만져 주고 토닥이는 시간을 가져야 한다.

감정은 속으로 쌓아두지 말고 짧은 일기나 메모로 남기는 것이 좋다. 편견 없이 내 이야기를 들어줄 수 있는 누군가에게 털어놓는 것도 좋은 방법이다.

나를 돌아보고 감정을 알아채는 연습을 한 후엔, 강의 스타일이 많이 달라졌다. 청중을 돌아보는 여유가 생겼고, 그들의 이야기가 더 많이 들린다. 소통하는 강의를 하려면 나를 돌보고 알아가는 시간을 꼭 가져볼 것을 권한다.

두려움의 시간을 나를 알아가는 시간으로 채우라!
강사로 성장할 수 있는 값진 시간이 될 것이다.

배움에 아낌없이 투자하라!
자기계발서를 읽다 보면, 배우는 것이나 독서에 투자하는 비용을 아까워하지 말라는 이야기가 수도 없이 나온다. 하지만 퇴사하고 돈벌이가 없는 시점에 나를 위한 투자비용부터 지불하기는 말처럼 쉽지 않다. 그 시간에 제안서 쓰고 강의할 곳을 알아봐야 하는 것이 아닌가 하는 불안과 두려운 감정이 계속 밀려든다.

준비 없이 퇴사한데다가 어떤 주제로 강의해야 할지 막막했고, 나의 완벽주의 성향까지 더해져 프리랜서 강사로 첫발을 떼기는 힘들었다.

무엇이라도 시작해야 했다. 노트를 꺼냈다. 노트에 해보고 싶은 강의 주제를 생각나는 대로 적었다. 그중에서 자신 있게 제안서를 써볼 만한 주제를 남기고 하나씩 지워나갔다. 노트엔 남아있는 주제가 없었.
'거의 10년의 세월을 사내 강사로 일하면서 내 능력이 이 정도였던가?' 좌절감이 몰려왔다. 그때부터 강의 주제로 삼을 수 있는 자격증 과정을 매일 검색해 보기 시작했다.

지금 내가 할 수 있는 일들에 집중하니 그동안 관심 가졌던 것, 해 보고 싶었던 강의가 서서히 기억나기 시작했다. 사내 강사로 일하면서 이 일을 하지 못하게 되면 노후엔 무엇을 할까 걱정하던 시기가 있었다.

그때, 사회복지사라는 직업을 알게 되었고 직장 다니면서 온라인 강의를 들을 수 있다는 것에 매력을 느껴 바로 신청하고 자격증도 취득했다. 나중에 나이 들어서 내 재능을 노인 대상으로 사용해 보면 어떨까 생각했었는데, 나중이 아니라 지금 도전해 볼 수 있겠다는 생각이 들었다.
내 생각을 탐구하고 능력을 객관화해 보니 강의해 볼 만한 주제들이 눈에 띄었다.

'노인을 위한 스마트폰 강의'
사내 강사 시절 동료들이 어려워했던 편집 기능이나 핸드폰의 새로운 기능 사용하는 것을 어려워하지 않던 나였기에 해볼 수 있겠다는 자신감이 생겼다. 그때부터 자격증 취득을 목표로 강의를 듣기 시작했다. 목표가 명확해지니 나라면 어떻게 강의할지 대입해 보게 되고 공부가 재미있게 느껴졌다. 빨리 현장에서 강의 하고 싶은 욕구가 샘솟았다.

자격증을 취득하고 홈플러스 문화센터에서 프리랜서로 첫 강의를 시작하게 되었다. 누군가의 지시로 만든 것이 아닌 내가 원하는 대로 기획한 교안으로 강의를 마쳤을 때의 행복감은 아직도 잊혀 지지 않는다. 두렵고 막막한 시간을 이겨내지 못하고 바로 돈을 벌 수 있는 다른 길을 알아봤다면 느껴보지 못했을 기쁨이다.

이후로 복지관에서도 수업할 수 있게 되었고, 자신감이 생겼다. 배움을 통해 얻을 수 있는 가장 큰 성과물은 자신감이다.

아무것도 하지 않고 쉬는 것이 더 두려웠던 나에게 '배움'은 안정제가 되었고, 강사로 첫발을 뗄 수 있게 해주는 용기가 되었다.

배움의 시간을 통해 자신감을 갖고 계속 도전하여 지금은 컬러테라피와 그림책 감정 코칭으로도 영역을 넓힐 수 있게 되었다. 자신감이 생기니 아이디어도 떠오르기 시작했다. 백지상태였던 노트가 새로운 아이디어로 빽빽하게 채워지고 있다.

내가 그랬던 것처럼 강사로 첫걸음을 떼는 분들에게는 공백이 불안하고 두려운 시간이 될 수 있다. 두려움을 곧바로 기회의 시간으로 바꾸는 것은 불가능하다. 온전히 그 두려움을 받아들이고 내가 할 수 있는 것과 배울 수 있는 것들에 투자해 보자! 그 시간이 쌓여 자신감이 되어 돌아온다.

사내 강사로 있을 때, 배움을 즐기고 함께 성장하는 것을 독려하는 동료 강사들이 많았는데 그 당시 업무가 많음에도 경쟁하듯 온라인 강의를 듣고 새로운 자격증을 취득하여 서로에게 자랑하곤 했었다. 지금 강사 이력서에 그때 취득한 자격증을 적어 넣을 때, 얼마나 감사한 시간이었는지 새삼 느낀다.

배움에 쏟은 시간은 나를 배신하지 않는다.
그때의 경험이 강의 소재가 되고 나를 더 풍부하게 만들어 준다.

지금 공백 기간으로 힘든 시간을 보내고 있다면, 무엇이든 배워보자.
두려움이 기회로 전환되는 놀라운 경험을 할 수 있을 것이다. 불안함과 두려움을 이겨내고 나면 자신감이 솟아날 것이다.

'나' 다운 강의 스타일 찾기

"어떤 강사가 되고 싶은가?"

TV나 유튜브에 나오는 인기 강사들의 강연을 보면, 각자의 매력이 담긴 강의로 청중을 사로잡는다. 희로애락이 담긴 인생 스토리로 청중을 울고 웃기는 표현력이 풍부한 강사, 차분하지만 날카로운 팩폭(팩트 폭격)으로 청중으로 하여금 자신을 돌아보게 하는 강사, 높은 텐션으로 시작부터 끝까지 웃음이 멈추지 않게 하는 즐거움을 주는 강사, 깊고 풍부한 지식으로 무장하여 새로운 정보에 입을 다물 수 없게 하는 강사.

다양한 매력으로 우리 눈을 사로잡는 강사가 많아 나열하기 힘들 지경이다. 이 모든 매력이 나의 강의에 적용되면 얼마나 좋을까?

하지만 현실은 그렇지 않다. 맞지 않는 옷을 입으면 태가 나지 않는 것처럼 나에게 어울리지 않는 강의는 청중의 몰입을 방해한다. 나다운 강의 스타일을 찾는 것은 쇼핑을 통해 나와 딱 어울리는 옷을 찾는 과정과 비슷하다.

첫 단계, [이름표 찾기] 나에게 맞는 이름표를 찾아라!

옷을 고를 때, 디자인도 중요하지만, 소재와 사이즈가 적혀있는 이름표(Name Tag)도 중요하다. 피부가 예민한 사람이 거친 소재의 옷을 입으면 가려움증이나 두드러기같이 몸에서 이상 반응이 나타날 수 있다. 신체사이즈는 M인데, 지금 선택한 옷이 L사이즈밖에 없다면 나에게 맞지 않는 옷이 된다. 나에게 맞는 이름표를 찾아내는 것은 강의 스타일을 찾기 위한 중요한 요소이다.

사내 강사로 일할 때는 회사 소속과 직함, 이름만 소개하면 되었지만,

프리랜서 강사가 되어보니 이름 앞에 나를 설명해 줄 무언가가 필요했다.

예를 들어, 한 분야의 전문 타이틀

— 심리상담 전문, 스피치 전문, CS 전문 등

강의 스타일을 말해주는 꾸밈말

— 카멜레온 같은 강사, 웃음을 주는 강사, 행복 전도사 등

이름과 관련된 퍼포먼스

— 이름 삼행시, 이름의 의미 설명, 강의 주제와 이름 연결하기 등

나를 설명해 줄 수 있는 이름표 찾기는 내 강의 스타일을 찾는 첫 단계이다. 강사 이력 사항을 쓸 때도 나를 설명해 줄 수 있는 이름표가 있으면 담당자에게 강의 내용을 전달하기 쉽고, 강의 스타일을 예측해 볼 수 있게 해준다. 강연장에서도 청중에게 나를 각인시키기 위해 이름표가 필요하다. 프리랜서 강사로 첫발을 뗀 시기의 나에게는 이름표 찾기가 너무 어려웠다. 자기소개가 부담되고, 어렵게 느껴지는 신입 강사라면, 내가 경험한 방법이 조금이나마 도움이 되길 바란다.

먼저, 내가 잘하는 분야, 자신감 있는 분야를 찾아보자!
주제는 정했지만 자신 있게 강의하기가 어렵다면, 그 분야를 더 공부하고 자격증을 취득하는 것이 좋다. 나 역시 그 분야의 자격증을 취득하고 공부하니 이력서에 한 줄 추가할 수 있다는 것만으로도 자신감이 생겼다.

자격증은 꼭 국가자격증과 같은 대단한 자격증이 아니어도 된다. 그 분야와 관련된 수료증을 취득하거나 온라인으로 공부하는 과정을 마치는 것만으로도 자신감을 올리는 데 도움이 된다. 공부하고 자격증을 취득했다면 이제 그 분야의 전문 강사로 나를 소개해도 된다.

강의에 참석한 청중은 각자 분야에서 전문가일 순 있지만, 오늘 강의 1시간을 위해 몇 개월 혹은 몇 년의 시간과 노력을 들여 준비한 나는 '내 강의의 전문가'로서 자신감을 가져도 된다.

자신감을 가져야 'OOO 전문 강사'로 나를 소개할 때 힘이 실린다.

강의에 힘이 실려야 청중이 몰입하고 강사를 신뢰할 수 있다.

이름표를 찾기 위한 또 다른 방법은, 강의 제목을 미리 정해보는 것이다. 나는 컬러 테라피를 주제로 직장인들에게 강의할 때, 컬러 성향을 분석해서 동료들과 소통을 잘하게 하는 것이 목표였기 때문에 '소통을 위한 - 컬러 테라피' 라는 제목을 붙였고, 부모 대상으로 할 때는, 육아 스트레스에서 벗어나 행복을 느끼는 시간이었으면 좋겠다는 목표로 '행복을 찾는 시간 - 컬러테라피' 라는 제목을 붙였다. 강의 대상이 정해지지 않았더라도 이 강의를 통해서 누구에게 무엇을 전달하고 싶은지 상상해서 제목을 미리 정해보길 권한다.

앞서 언급한 전문가의 타이틀이 부담된다면 제목의 문구를 활용해 '소통하는 강사 OOO.', '행복을 만드는 강사 OOO.'처럼 화려하지 않아도 교육 주제에 맞게 이름표를 만들어 볼 수 있다. 강사 소개 시 왜 그렇게 소개했는지 덧붙여 다시 한번 제목을 강조할 수도 있다. 나를 소개해 줄 이름표 찾기가 끝났다면 두 번째 단계로 나아가야 한다.

두 번째 단계, [많이 보고, 반드시 입어볼 것!]
맞춤옷을 찾기 위한 쇼핑 팁!

이곳저곳 발품 팔며 쇼핑하다가 예쁜 디자인의 옷을 발견하면 구매하고 싶은 욕구가 솟아난다. 게다가 입었을 때 나에게 잘 어울린다면 구매를 망설일 이유가 있을까?

마찬가지로 나와 청중이 만족할 만한 강의 스타일을 찾기 위해서는 여러 스타일의 강의를 많이 보고 입어 봐야 한다. 입어보지 않고 구매했다가 맞지 않아 환불해야 하는 불상사가 생기지 않도록 반드시 입어보는 과정, 즉 나에게 맞는지 확인하는 단계가 필요하다.

　　강의 경험이 많지 않다면 선배 강사나 인기 강사들의 강의를 많이 들어보는 것이 좋다.
　　그들의 매력 포인트를 찾아보자!
기억에 남는 사례나 멘트를 적어보고 내 교안에서 한 페이지라도 적용해 보자. 이때, 입 밖으로 소리 내어 강의 시연을 해봐야 한다. 머릿속으로 생각하는 것과 소리 내서 시연해 보는 것은 천지 차이다. 따라 해 보고 싶은 표정과 제스처가 있다면 같이 해보는 것도 좋다.
　　시연하는 과정에서 막히거나 어색한지 자연스럽게 나오는지 경험해 보아야 한다. 그래도 잘 모르겠다면 핸드폰으로 나의 모습을 녹화해서 보자. 좀 더 객관적으로 나를 볼 수 있는 방법이다.

　　신입 강사 시절 나 역시 유머러스하고 텐션 높은 강의를 시도해 보았지만 어색하고 억지스러운 느낌 때문에 전달하고자 하는 내용이 잘 담기지 않았다.
　　여러 스타일을 시도하고 나서야 유머러스하고 텐션 높은 강의보다 진중하고 진심을 넣는 쪽이 나에게 더 어울린다는 것을 깨닫게 되었다. 이 과정에서 사내 강사 시절 받았던 선배 강사들의 피드백과 강의 후기가 많은 도움이 되었다. 나는 새롭게 시도한 강의 스타일이 어색하다고 느꼈지만 의외로 좋은 반응이 나오기도 하고, 자신감 있게 던진 이야기들이 주제와 맞지 않는다는 피드백이 나오기도 했다. 좋지 않은 피드백을 받았을지라도 좌절할 필요는 없다. 실제 강의에서는 피드백을 보완해서 더 멋진 결과물을 내놓으면 되니까.

스스로 느끼는 것도 중요하지만 강사는 청중과 소통하는 직업이기 때문에 제삼자의 시선에서 객관적으로 평가 받고 그것을 수용할 줄도 알아야 한다.

피드백 받는 것을 두려워하지 말고 적극적으로 기회를 만들어 볼 것을 추천하는 것도 그 이유이다. 내 몸에 꼭 맞게 수선하고 리폼하면 더 멋진 옷을 만들어 낼 수 있는 것처럼 이 시간을 나와 가장 어울리는 옷을 찾아가기 위한 과정이라고 생각하면 좋겠다.

내 스타일을 찾는 또 다른 방법은 강의 후기를 보는 것이다. 강사의 특징을 구체적으로 적는 분들이 꽤 많아서 새로운 경험을 할 수 있다. "목소리가 매력적이에요.", "진심이 느껴져서 좋았어요.", "차분하게 말씀하셔서 집중되는 강의였어요." 등 나 역시 강의 후기를 통해 내 목소리를 매력적으로 느끼는 사람이 있다는 것도 처음 알게 되었다. 신기한 경험이다.

나와 맞는 강의 스타일을 찾고 싶다면, 많이 보고 반드시 입어보라! 입어보고 옷이 너무 크거나 작아도 좌절할 필요는 없다. 수선의 과정을 거치면 나를 빛내줄 세상에 단 하나뿐인 멋진 옷이 탄생할 테니까!

세 번째 단계, [강점을 찾아라!] 액세서리는 나를 더 빛나게 해준다.

귀걸이를 하면 얼굴이 1.5배 예쁘게 보인다는 말이 있다. 예쁜 옷과 어울리는 액세서리를 착용하면 색다른 분위기를 내기도 한다. 내가 가진 강점은 강의를 더 빛나게 해줄 수 있다. 그런 의미에서 강점을 찾기 위한 시간을 가져보면 좋겠다.

스스로 찾기 어렵다면 동료나 선배 강사도 좋고, 가족과 친구들의 도움을 받을 수 있다. 나의 장점이 무엇인지, 내가 이야기할 때 어떤 점이 집중하게 해주는지 질문을 해봐도 좋고 자주 들었던 칭찬을 떠올려 봐도 좋다.

나의 경우 어릴 때 엄마와 주말 드라마를 보며 이야기 나누는 것을 좋아했는데, 하루는 혼자 드라마를 보고 어떤 내용이었는지 엄마에게 장난삼아 스포(주요 줄거리나 내용을 미리 말해주는 것)를 했다. 한번 시작하니 처음부터 끝까지 장면을 세세하게 이야기하게 되었다.

나중에 엄마가 재방송으로 못 봤던 드라마를 보게 되었는데 내 설명이 드라마보다 더 재미있었다고 칭찬해 준 적이 있다.
이때부터 나는 보거나 들었던 것을 기억해서 전달하는 것에 재능이 있다는 것을 알게 되었다. 칭찬으로 찾은 내 강점은 강의에서 빛을 발휘했다.

칭찬받으니, 신이 나서 이야깃거리들을 찾고 내 말로 풀어냈다. 그 경험들이 쌓여 독서나 TV 프로그램, 영상에서 보았던 이야기들을 누구보다 잘 기억하고 전달할 수 있게 되었다.
칭찬으로 발견한 내 강점은 지금 나의 강의를 빛나게 해주는 최고의 액세서리이다.

강점을 찾기 어렵다면, 칭찬받는 자리를 적극적으로 만들어 보라. 처음엔 낯 뜨겁고 힘들 수도 있지만 그 칭찬으로 찾은 내 강점은 평생의 버팀목이 될 것이다.

최고의 액세서리를 찾아 반짝반짝 빛나는 강사로 성장하길 응원한다.

상상을 현실로 만들기

강단에 서서 바라보니 수많은 사람의 반짝이는 눈이 보인다.
나의 말소리와 제스처에 집중하며 긍정의 끄덕임을 보내온다.
웃음 포인트에서 모두가 박장대소하고,
감동 포인트에서는 눈물을 보인다.
강연을 끝내니 우레와 같은 박수 소리가 터져 나온다.

강사는 이러한 순간을 꿈꾸며 준비한다.
하지만 현실은 상상과 달랐다.
첫 강의를 했을 때가 떠오른다.

피드백 받은 것이 적용될 수 있도록, 최대한 초보 강사티가 나지 않도록 수없이 연습했다. 하지만 실제 강의는 연습 때와 너무나 달랐다. 강사의 의도와 다르게 반응하기도 하고, 나는 재미있겠다고 준비한 포인트에서 반응 없는 모습을 직접 대하니 그때부터 떨리기 시작했다. 강의 시간 동안 무슨 이야기를 했는지도 모르겠다. 끝나는 시간만 계속 체크하며 마쳤던 첫 강의는 자신감을 뚝 떨어트렸다.

강의 후 의기소침해 있는 나를 보고 선배 강사들이 처음엔 다 그런 거라며 힘내라고 했지만, 다시 할 수 있을지 두려웠다. 현장을 경험해 보니 경험 전보다 더 떨리고, 자신감이 떨어져 이것을 극복하지 않으면 나아갈 수 없겠다는 생각이 들었다. 그래서 선배 강사들에게 어떻게 극복할 수 있는지 계속 묻고 다녔다. 그때 한 선배가 이야기해 준 떨림을 극복하기 위한 팁은 지금까지도 유용하게 잘 써먹는다.

구체적으로 상상하라.

'나는 강의 전에 강의장을 미리 확인하고 그곳에서 청중이 앉아있을 곳, 내가 서 있는 공간과 그곳의 느낌을 최대한 구체적으로 상상하고 연습해! 그렇게 하고 가면 그곳이 낯설지 않고 훨씬 편해져서 덜 떨리더라.'

연습할 때도 교안과 내가 전달할 멘트만 달달 외웠지, 강의장이 어떤지 내가 어디에 서서 청중들을 보고 할지는 생각해 본 적이 없었다. 실전에서는 생각보다 가까이 앉아서 반응하는 청중이 어색하기도 했고, 멘트에 집중하다 보니 당연히 전달력도 떨어졌다. 그때부터 연습 방식을 바꿔보기로 했다.

퇴근하고 방에서 노트북을 켜고 앉아서 모니터만 보고 이야기하던 방식을 버리고, 실제 강의하게 되는 곳에 가서 청중을 상상하고 서서 연습했다. 강의장에 서서 리허설하다 보니 구체적으로 상상하기가 쉬워졌다. 청중이 앉을 자리를 보고 질문이 온 것처럼 대답을 해 보기도 하고, 돌발 질문에 답 해 보는 상황을 만들어 보기도 했다. 청중석의 이곳저곳으로 시선을 옮겨가며 이야기하는 연습을 했다. 익숙해지니 자신감이 생겼다.

구체적으로 상상하기 연습 후 두 번째 강의에서는 훨씬 만족스러운 결과를 낼 수 있었다. 그때부터 강의가 즐거워졌다.

사내 강사 시절에는 회사 내에 강의장이 있어 연습하기 좋은 환경이었지만, 프리랜서 강사인 현재는 강의장에 가서 연습하기 쉽지 않다.

지금은 담당자에게 정보를 얻는다.
빔프로젝터와 마이크, 노트북 설치 가능 여부 등을 확인하는 것은 강사에게 필수 사항이기도 하지만, 이때 얻은 정보가 구체적으로 상상하기에도 많은 도움이 된다. 그래서 가능하다면 강의장 사진을 받아보고 그곳에서 강의하는 모습을 상상하며 연습한다.

강의장에 도착하고 대기하면서 무엇을 할지, 청중이 도착했을 때 어떤 이야기들을 하며 맞이할지, 강사 소개를 할 때의 내 표정과 관객의 반응, 마무리하며 박수받고 즐거운 발걸음으로 강의장을 나서는 것까지 아주 구체적인 상상을 한다.

누군가는 상상은 말 그대로 상상일 뿐이라고 한다. 맞는 말이다. 좋은 결과를 상상하고 꿈꾸며 준비해도 결과가 좋지 않은 경우도 물론 있다. 인기 강사들의 영상을 보고 '나도 저렇게 좋은 강연장에서 박수 받는 멋진 사람이 되고 싶다!' 상상하다 보면 현실과 다른 내 모습에 힘이 빠질 때도 있다.
그럴 때일수록 좌절하지 말고 구체적인 상상을 해야 한다.
손에 잡히지 않는 바람 같은 허황된 꿈을 꾸라는 것이 아니다. 내가 서 있을 공간, 느낌, 촉감, 냄새, 소리 등 가능하면 아주 구체적으로 상상하라. 그 상상은 좋은 결과를 얻을 수 있는 확률을 높여준다.

담당자에게 받았던 사진과 정보로 구체적으로 상상하고 연습하면 미처 준비하지 못했던 것들이 떠오르거나 새로운 아이디어가 떠오르기도 한다.
사진을 받아 보니 '생각보다 넓어 개별 활동보다 조별로 활동적인 퍼포먼스를 준비해도 좋겠다!' '책상과 의자 배치를 변경하면 훨씬 집중도가 높아질 수 있겠다!'는 아이디어가 떠오른다. 그것에 맞게 교안을 수정하기도 하고 담당자에게 제안해 볼 수도 있다. 동선을 떠올리며 연습하다 보면 놓쳤던 준비물이 생각나기도 한다.

레몬을 먹는 상상만 해도 입에 침이 고이고 턱밑에 신물이 차오르는 것 같은 경험을 해봤을 것이다. 이것을 일종의 심리적 조건반사라고 하는데, 나에게 강의 전 구체적 상상법은 이와 비슷한 효과를 준다. 강의 전 상상했던 것들이 현실에서도 강의를 성공적으로 마칠 수 있는 확률을 높여줬다.

요즘은 담당자에게 사진을 따로 요청하지 않아도 스마트폰 지도, 길 찾기 앱에서도 실제 사진으로 그 장소를 보여준다. 간단한 인터넷 검색만으로도 원하는 장소의 정보를 얻기 쉽다. 나의 상상을 구체화해 줄 수 있는 도구들은 많이 있다.

아무것도 시도하지 않으면 아무 일도 일어나지 않는다는 말이 있다. 꿈꾸지 않고 현실로 옮기지 않으면, 좌절하거나 실패하는 경험을 하지 않을 수 있다. 하지만 상상을 구체화하고 현실로 옮기려 노력하면 행복을 맛볼 수도 있다. 강사 생활하며 맛본 그 행복은 지금까지 내 삶의 큰 원동력이 되고 있다.

어떤 것을 택해야 후회 없을까? 선택은 당신에게 달려있다. 보여야 현실이 된다! 머릿속으로 그리기만 한다고 현실이 되진 않는다. 아무리 기분 좋은 상상이라 할지라도 현실에서 이루어지는 모습이 보이지 않는다면 금방 지치게 마련이다.

나는 불안과 걱정이 많은 편이다. 많은 사람이 연말, 새해가 다가오면 새로운 다짐과 목표로 설레는 시작을 준비한다. 반면에 이뤄놓은 것이 없는 것 같아 기운이 빠지고, 지켜지지 않을까 봐 계획 세우기도 걱정인 '나' 같은 사람도 있다. 그런 사람일수록 자기 객관화가 필요하다.

불안과 걱정을 해소하기 위한 방법은 밖으로 꺼내 보는 것이다.

노트를 펴서 올해 '내가 이루었던 것'들을 적어보자. 이때 아주 작은 것 하나라도 적어 보는 것이 좋다. 평소 나는 그날 할 일, 청소, 영양제 챙겨 먹기 등 사소한 일도 메모해 놓고 지켜진 것은 체크하며 없애는 것을 좋아하는데, 이 메모가 연말에 '내가 이룬 것들 리스트' 작성에 도움을 준다.

마음 돌보기, 새로운 것 배우기(무엇이든), 홈트(집에서 하는 운동) 시작하기 등 강의와 연관 없는 것들도 생각나는 대로 적어보자. 별것 아닌 것 같지만 적고 나면 마음의 불안이 어느 정도 해소된다. 그리고 내가 생각보다 많은 것을 이루었다는 것을 깨닫게 된다.

강사에게는 성취감과 자존감이 있어야 앞으로 나아갈 자신감이 생긴다. 그것을 위한 작은 시도로 내가 가진 불안과 걱정거리들을 속에서 꺼내 적어 보는 것을 추천한다. 불안과 걱정을 꺼내 적었다면, 내가 이룬 것들을 보며 성취감과 자신감을 얻는 시간을 갖길 바란다.

다음 단계는 '내가 이루고 싶은 것'을 적어 보는 것이다.
나는 새해가 되면 [불안 리스트, 이루었던 것 리스트, 이루고 싶은 것 리스트] 이 세 가지를 차례로 적는다. TV에서 나오는 성공한 많은 사람은 그 비결을 목표를 가시화하는 것이라고 이야기한다.

미국의 유명 토크쇼 호스트이자 여성 권리 운동가인 오프라 윈프리, 유명 배우 샤론 스톤, 짐 캐리도 비전 보드(자신의 목표와 꿈을 시각적으로 나타내는 것)를 사용하여 자신이 이루고 싶은 것들을 명확하게 하고 그것이 성공을 이루는 데 도움이 되었다고 이야기한다.

하지만, 비전 보드를 만드는 것도 용기가 필요하다. 내가 원하는 것을 명확하게 하는 것도 힘든 일일 수 있다. 비전 보드 만들기 전, 그날 하루의 목표를 적어보고 달성하는 연습을 해보자.

일상의 목표를 달성하는 연습이 되었다면 목표를 조금 더 늘려볼 수 있다. 이제 그 목표를 모아 비전 보드를 만들어 보자. 이때, 목표와 관련된 이미지, 멋진 문구, 멘토로 삼고 싶은 유명인의 모습을 사진으로 출력해 붙여도 훌륭한 비전 보드가 탄생한다.

비전 보드는 항상 볼 수 있는 곳에 두고, 계속 보면서 목표를 기억해야 한다. 이것이 반복되면 어느새 목표가 이루어져 있는 놀라운 경험을 하게 될 것이다.

실제 나도 비전 보드 만들기로 많은 목표를 이루었고, 지금도 또 다른 목표를 세우고 있다.

나는 매년 새로운 목표를 세우고 나서 '과연 해낼 수 있을까?' 걱정으로 시작한다. 그러나 연말이 되면 생각보다 많은 것을 이루었음을 알게 된다. '내가 이룬 것 리스트'를 확인하면서 자신감을 얻고, 스스로에 대해 조금 너그러워진다.

자신에게 엄격하고 두려움이 많은 사람이라면 나와 같은 방법을 해볼 것을 권한다.

걱정이든 목표든 눈에 보이게 꺼내어 보라!
그래야 해결 방법도 보이고 날마다 조금씩 현실에 가까워지고 있는 내 모습도 보인다. 보여야 현실이 된다!

청중을 호의적으로 만들기

밤새워 강의를 준비하고 교안을 만들어도 청중의 마음을 얻지 못하면 그날 강의는 성공적일 수 없다. 강의를 잘하려면 청중이 공감하고 반응할 수 있게 만들어야 한다. 청중을 호의적으로 만들기 위해 나는 아래의 세 가지 방법을 사용하고 있다.

담당자와 친해져라! 강의 장소, 시간, 인원 등 기본적인 사항을 위해 담당자와 연락하는 것은 당연하다. 그런데, 언제 담당자와 연락해야 할까? 신입 강사 시절엔 담당자와 연락해야 하는 시기에 대해 고민이 많았던 것 같다. 언제 연락할지, 어떤 것을 물어봐야 할지, 자주 연락하는 것은 실례가 아닐지 등. 혹시 담당자와 연락해야 할 시기를 고민하는 강사가 있다면, 고민하는 지금이 바로 연락해야 할 때라고 확실하게 이야기해 주고 싶다.

강의 제안을 받고 나서 날짜, 시간, 인원, 장소만 확인하지 말고 내가 주제를 정확하게 이해하고 있는지 확인해야 한다.
머릿속으로 주제를 어떻게 풀어 나가야 할지 전체적인 그림이 그려졌다면, 청중의 집중도를 끌어올리기 위해 중간에 장치를 넣어야 하는데 개별 활동을 넣을지 팀별 활동을 넣을지 혼자 정하지 말고 담당자에게 연락해서 청중의 성향과 모임 의도를 다시 한번 확인하는 것이 좋다.
그 후에 내가 생각한 활동들을 대략 담당자에게 말해주면 어떤 것이 더 좋을지 답이 나온다. 의뢰한 회사 또는 단체에 대한 애정과 만족도를 높이기 위한 강사의 진심이 전해진다면 이후에는 더 적극적인 답변과 강의 팁까지 얻을 수 있을 것이다.

강의 준비하면서 막히거나 결정이 서지 않을 때는 혼자 고민하지 말고 반드시 담당자와 연락해서 풀어보라. 자주 연락하는 것이 실례가 되지 않을까 걱정된다면 질문 리스트를 만들어 놓고 통화하는 것도 좋다. 담당자에게 언제 연락하는 것이 좋을지 직접 물어보고 통화 가능 시간과 요일을 알아두자.

보통 나는 강의 전 두 번에서 세 번 정도 통화해서 강의 방향을 확정하고 강의 전날 강의 일정 확인 전화를 하는 편인데, 담당자의 업무가 너무 바쁘거나 상황이 여의치 않으면 통화 횟수를 줄이기도 한다. 이때 담당자의 성향을 보고 부담 주지 않는 선에서 마무리할 수 있도록 한다.

담당자와 사전에 강의 방향을 의논하면 당일 강의 진행이 더 수월해진다. 어떤 활동을 할 것인지 서로 알고 있기 때문에 자리 배치와 준비사항을 놓치지 않을 수 있다. 강의 당일 수월한 진행을 위해서라도 사전에 담당자와 친해지면 많은 도움을 받을 수 있다. 적극적인 담당자를 만나면 강의 전 몇 장의 사진을 부탁하기도 한다. 프리랜서 강사의 경우엔 본인이 나온 사진을 찍기가 어렵다. 사전 연락으로 담당자와 친해지면 요청하기가 수월해진다. 이렇게 받은 사진은 추후 제안서를 쓸 때 첨부하여 유용하게 사용된다.

강의 후에는 감사 인사와 함께 작은 기프티콘이나 선물을 남기는 것도 좋다. 담당자와 좋은 관계를 유지하고 잘 마무리하면 강의 재요청이나 소개로 더 큰 선물이 돌아오는 경우가 많다. 혼자 고민하지 말고 담당자에게 질문하고 친해져라! 훨씬 성공적인 강의가 될 것이다.

청중의 언어를 파악하라!
공감을 얻으려면 그들의 언어를 아는 것이 필요하다.

회사마다 호칭도 다양하다. 부장, 과장, 대리처럼 일반적인 직급으로 부르는 곳도 있고, 매니저, 선임 매니저 또는 이름을 넣어 OOO님이라고 부르는 회사도 있다. 내가 편한 대로 여러분이라고 부르는 것보다 회사에서 사용하는 호칭으로 다가가는 것이 친근함을 끌어낼 수 있다.

강의하다 보면 사례를 넣어 이야기하게 되는데, 이때 그 회사나 단체에서 사용하는 용어를 넣으면 공감을 높일 수 있다. 예를 들어 학습지 회사에서는 캠페인(신규 회원을 유치하기 위해 홍보하는 일), 입회(신규 회원과 계약을 확정하는 것) 등의 용어를 사용한다.

고객 유치를 위해 홍보활동 하시려면 힘드시죠?
-> 캠페인 활동하시면서 힘든 점도 많으시죠?
신규 고객이 발생하면 어떠세요?
-> 입회에 성공해서 신규 회원과 처음 만났을 때 생각나시나요?

이런 식으로 바꿔 말했을 경우 공감과 호응도가 훨씬 높아진다. 청중의 언어를 파악하기 위해 혼자 고민해도 답은 나오지 않는다. 앞서 말한 것처럼 담당자와 친해지고 질문해야 답을 찾을 수 있다.
청중을 호의적으로 만들고 싶다면 그들의 언어를 사용하라! 그들의 언어를 공부하고 진심으로 다가가는 강사를 싫어할 청중은 없다.

강의 전 시간을 활용하라!
담당자와 사전 연락을 통해 정보를 얻고, 그들의 언어를 사용할 준비가 되어있다면 마지막으로 강의 직전 청중과 직접적으로 친해질 수 있는 시간을 만드는 것이 좋다.
강사라면 대부분 외향적인 성격일 것으로 생각하는데 사실 나는 내성

적이고 낯도 많이 가리는 편이다. 그래서 강의 전 어색함을 풀 수 있는 시간을 스스로 만든다.

사적인 자리라면 내가 먼저 다가가지 않지만, 강의는 업무 아닌가? 업무를 잘 해내려면 노력해야 한다. 그때만큼은 외향인의 모습이 된다.

나는 대기실에서 강의 직전까지 얼굴 보이지 않고 앉아 있다가 시간이 되어서야 짠! 하고 나타나는 방법은 별로 선호하지 않는다. 강의 전 오늘 업무는 어땠는지, 점심 메뉴가 무엇이었는지, 회사와 집은 가까운지 아주 사소한 질문이라도 좋다.

먼저 인사하고 다가가라!

나도 낯을 가리지만 청중도 그렇다는 것을 알아야 한다. 강사가 등장했을 때 반갑게 맞아주기도 하지만 처음 보는 사람에게 마음의 문을 열고 적극적으로 참여하기까지 청중에게도 시간이 필요하다. 강의 전 간단한 안부 인사와 질문은 청중이 마음의 문을 여는 시간을 단축해 준다. 발표자를 선정하거나 강의 중 질문을 할 때도 강의 전 얻게 된 정보와 친근함이 큰 도움이 된다.

청중의 참여도를 높이고 강의에 호의적으로 만들고 싶다면, 강의 전 시간을 활용해 보라! 청중뿐 아니라 강사에게도 즐거운 시간이 될 것이다.

에필로그

처음 강사로 일을 시작한 날부터 지금까지도 나에게 불안함과 걱정은 항상 존재한다. 앞으로도 그럴 것이다. 하지만 강의를 성공적으로 끝내고 나면 그 불안함과 걱정을 한 방에 날릴 정도로 큰 행복감이 찾아온다. 청중의 박수 소리와 공감의 끄덕임에서 느껴지는 짜릿함을 한번 맛보면 헤어 나오기 쉽지 않다.

강의 의뢰가 없어 불안하고, 내 강의력에 의심이 들고, 만족스럽지 못한 강의 후의 찝찝함을 앞으로 수없이 경험할 테지만 그래도 내가 살아있음을 느끼는 곳은 '강단 위' 청중 앞에 섰을 때라는 것을 안다. 두려움과 불안 때문에 앞으로의 행복을 포기하진 않을 것이다. 그래서 나는 오늘도 결심한다.

두려움을 기회로 전환하자!
'나 다움'에 집중하면, 누구보다 울림 있는 강의를 할 수 있다!
상상으로 끝내지 말고 현실로 만들어 보자!
진심으로 소통하여 청중의 마음을 움직일 수 있는 강사가 되자!

이 책을 읽고 있는 당신도 두려움과 불안함을 떨치고 행복을 맛볼 수 있는 강사가 되길 진심으로 바란다.

저자 소개

유별아 | 강사에게 필요한 4가지 기술

힐링 컬러 테라피, 감정코칭, 디지털 교육

시니어스마트폰 디지털 튜터
컬러심리테라피
그림책감정코칭
커뮤니케이션, 힐링, 스트레스관리, 미술치료
가족·직장인 소통

이메일 byula7942@naver.com
블로그 blog.naver.com/byula7942

한국여성아카데미협회 임원, 시니어 전문 디지털 튜터, 나와 타인을 이해하고, 스트레스를 해소할 수 있는 힐링·컬러 테라피 강사, 그림책으로 감정을 들여다볼 수 있는 감정코칭 전문가로 활동하고 있다.

YBM교육, 천재교육 본사 교육팀 출신으로 10여 년간 사내 강사로 활동하였으며 영어 교육 강사, 학원 원장을 대상으로 영어 수업 스킬과 학습 방법, 교재 활용법, 상담과 마케팅 교육을 했고, 강사 양성 과정을 진행하였다.

시니어 디지털 격차 해소를 위해 전국의 복지관, 노인지원 센터에서 활동 영역과 대상을 넓혀 갈 예정이며 타인과의 소통, 스트레스 해소, 감정코칭 등을 주제로 직장인과 학부모, 일반인 등 대상에 따라 생활에 적용할 수 있는 실용적인 강의를 지향한다. 진심으로 소통하는 강의를 위해 끊임없이 도전하는 강사의 삶을 살고 있다.

NOTE

Secret Lecture Skills

강사 마인드셋 전략

이수진

~쟁이, 강사가 되다
뒤바꾸어 '장점' 보기
라이브의 제 맛은 휴머니즘
입을 떼는 이유

~쟁이, 강사가 되다

흔히 한 분야에 두드러지거나 뚜렷한 성질을 갖고 있는 사람에 대해 나타내는 말로 ~쟁이 라는 말을 많이 쓴다. 나는 내 인생의 절반 이상을 한 분야에서 꾀나 오랜 시간을 보냈다. 어떤 분야에서 당당하게 전문가라고 말할 수 있는 1만 시간의 법칙에 따라보자면 중학생 때부터 전공을 결정하여 한 방향으로 쭉 걸었던 나는 '연극쟁이'였다. 춤과 노래도 함께 하는 뮤지컬을 전공하였고, 고등학생 때에는 선배님을 붙잡고 조명과 음향을 배우며 대학에 가서는 기획 일을 접하며 지금의 남편을 만나게 되었다. 결국 대학졸업 작품에서는 총 연출을 맡으며 공연에 관한 모든 것을 습득하고 싶었고, 엄청나게 흠뻑 빠져있었다. 나는 나 스스로를 어쩔 수 없는 '예술 쟁이'라고 생각했고, 열정이 넘쳤다. 지금 생각해보면 어린나이였던 15살에 명성 높고 아주 큰 예술의 전당 오페라극장에서 데뷔할 수 있는 감사한 기회를 얻었고, 십년 가까이 1년에 200편 정도의 공연을 보러 다녔다. 고등학생 때부터 공연을 너무나 사랑하시는 많은 관객 분들과 소통하고 싶어 마니아 분들의 카페 회원으로 오프라인 모임에도 자주 나가 소통하였고, 무대예술과 영상예술의 차이를 경험하고 도전하고 싶은 마음에 이십대 초반에는 연기자분의 매니저를 스스로 자처하여 장편의 사극드라마를 반년 이상 쫓아다니기도 하였다.

예술쟁이로 살아가면서 가장 크게 부딪힌 것은 경제적인 여건이었다. 그때에는 무대에 서고 싶었고, 무대에서의 활동이 목표였기에 무대에 서기까지의 기간을 버텨야 했다. 또 배우로써의 트레이닝을 하고 공부를 더 하고 싶었기에 다양한 아르바이트를 하게 되었다. 그러한 이유로 어쩔 수 없이 선택했던 것 중의 하나가 바로 강사의 길이었다.

처음엔 연극영화과를 지향하는 입시생 아이들을 위한 레슨을 시작하게 되었고, 주변에서 소개도 많이 해주었다. 하지만 어느 날 입시만을 위한 연기를 가르친다는 것이 나 자신에게는 아이러니하고 부담스럽게 다가왔다. 내가 지향하는 예술쟁이의 길과 대학을 위한 입시연기는 너무나도 다르게 느껴졌기에 가르치면서도 나 스스로가 힘이 드는 상황이었다. 돌아보면 그때의 나 또한 어린나이였기에 대학을 바라보는 입시생분과 온가족들의 기대가 부담스럽게 다가왔다. 또한 명문대학 만을 바라보는 분위기에 이질감을 느끼며 자연스럽게 다른 길을 생각하게 되었다. '서당 개 삼년이면 풍월을 읊는다.'고 나는 유치원교사이신 어머니를 도우면서 아이들의 학예발표회를 도와주러 갔다가 자연스럽게 영유아들과 자주 놀아주었다. 그러다 아이들을 위한 연극놀이 커리큘럼을 생각하게 되었고, 특별활동 강사로써의 길을 선택하게 되었다. 어떻게 보면 조금 지쳐있고 갈피가 잡히지 않던 때에 아이들과의 만남이 나에게 신선한 동기가 되었었던 것 같다. 춤추고 노래하는 아이들의 모습이 참 순수했고, 아이들이 좋아하는 전래동화, 명작동화들 속의 주인공이 되어 뽐내는 시간이 너무 알차게 느껴졌다. 나 또한 치유 받는 마음으로 자연스럽게 강사를 지망하게 되었다. 그러나 나의 목표인 공연무대에 발탁되기까지 경제적으로 버티기 위한 하나의 수단이었을 뿐이었기에 깊이 있게 강사에 대해 생각하기 보다는 매 학기마다 새로운 친구들을 만난다는 것에 더 즐거움을 갖고 있었던 것 같다.

    그러다 이십대 중반에 우연하게 만난 글귀 덕에 나의 생각은 전환점을 맞게 되었다. "사람이 요리를 잘하면 요리사가 되는 것이고, 말을 잘하면 요리전문 강사의 길이 열리는 것이다." 라는 글귀를 스치듯 읽었던 나는, 문득문득 그 글귀를 생각하며 멈칫하곤 했다. 한가지의 길만을 오랜 시간 고집하고 끊임없이 걸어오던 나의 길이 양 갈래 혹은 세 갈래, 그 이상으로 갈라지는 순간이었다. 그렇게 나는 '겉 무늬만 강사'에서 마음가짐을 고쳐먹기 시작했다.

　진심으로 다른 길에 대한 가능성을 열어두려고 한다는 것이 당시의 나에겐 많이 힘들기도 했고, 어려운 일이었다. 그때의 나는 이십대가 된 후에도 너무 세상물정을 몰랐고, 내가 전공한 분야 외에는 내 자신이 너무나도 무지하다는 것을 스스로도 알고 있었다. 이십대 후반이 다 되도록 신용카드 한 장 만드는 것도 모를 정도였으니. 그렇게 온 마음과 온 에너지를 정말 공연예술에 관련하여서만 쏟아 부었던 나의 십대, 이십대 였다.

　당장 오디션에 붙게 되어 공연연습을 들어가게 된다면 모든 스케줄을 뒤바꿔야하기에 한 직장에서 오래도록 일을 할 수도 없는 상황이고 입장이었다. 그러다 2014년 슬프고 참담한 대형 참사가 일어나며 공연계에서 많은 공연들이 중단되거나 공연을 올릴 수 없는 상황이 되었다. 당장 다음 주부터 나는 무엇을 해야 하는 것일까 생각하며 돌아보니 머리로는 도전하고 문을 두드리기로 결심했으면서도 자꾸만 내가 할 수 없다는 지금의 상황을 핑계 삼아 회피하고 있는 내 자신을 발견했다.

　행동을 먼저 움직여야 상황을 변화시킬 수 있겠다는 생각이 들자 내가 갖고 있던 모든 돈을 탈탈 털어 스피치학원을 등록하기로 마음을 먹었다. 모든 돈을 투자했기에 움직이지 않을 수 없게 만든 것이다. 어떻게 보면 돈으로 나의 의지를 산 셈이다. 그만큼의 결심으로 내 상황을 절실히 바꾸고 싶었다. 나에게 생각의 전환을 주었던 글귀처럼 말을 잘하고 싶었고, 내 말에 힘을 싣고 싶었다. 조금 무식한 방법일 수도 있었지만 무모하더라도 내가 움직여야 변화가 시작 될 것이라 생각했다. 가장먼저 당장 내가 할 수 있는 것이 무엇일까 생각하며 무리해서라도 칼을 꺼냈으니 무라도 잘라봐야지 하는 심정으로 자기개발에 힘을 쓰기 시작했다.

　스피치강사자격증, CS강사자격증, 이미지Making지도사자격증 등을 취득하고 나니 지금당장 무엇을 해야 할지 바로 갈피를 잡지는 못했지만 새로운 길을 모험할 힘이 생긴 기분이었다. 그렇게 이십대 후반에 나는 화장품 나레이션 모델 일을 하다가 화장품매장 CS강사를, 마트 식품코너 시식아르바이트를 하다가 마트CS강사를 할 수 있게 되었다. 또 특정 화장품매장에서 스피치 자격증 경력을 보고는 홍보전문 녹음을 부탁하기도 하였고, 이것이 반응이 좋아서 주변에서도 스피치녹음을 의뢰하기도 하였다. 어떻게 보면 아주 작은 것에 불과했지만 당시의 나에게는 다양한 길을 열 수 있다는 나 자신에 대한 확신을 갖게 해준 계기가 되었고, 나는 예술 '쟁이'에서 더욱 폭넓게 예술 '강사'를 지향하게 되었다. 신기하게도 움직이니 상황이 달라졌고, 변화가 시작되었다.

그러자 나는 생각지도 못했던 새로운 목표를 설정할 수 있게 되었다. 나 자신에게 재미있는 것을 해야 그것이 일이 되었을 때에도 가속도가 붙고 아이디어가 샘솟게 된다. 누구나 그렇겠지만 이십대의 나는 호불호가 굉장히 심한 편 이었다. 다행이 나는 아이들을 위한 교구를 만드는 일이 재미있었고, 아이들과 몸으로 직접 뛰어 함께하는 것이 스스로의 에너지를 더 만들게 되는 계기가 되었다. 그리고 내가 좋아하는 것이 무엇인지 분명하게 알고 있었다. 자신감이 더 붙은 나는 다시 아이들을 위한 강사로 일을 찾기 시작했다. 연극놀이에 관련된 놀이교육도 개발하면서 또 새롭게 태권도나 특수무술 학원과 콜라보로 뮤지컬놀이를 접목시키는 수업도 만들어갔다.

시간이 지나 지금의 나는 아이 둘과 함께하는 엄마가 되었다. 결혼하고도 끊임없이 여러 가지 일들을 경험하던 나는 임신과 동시에 모든 일을 접게 되었다. 그렇게 5년 동안 나는 소위 말하는 '경력 단절'이 된 여자사람이 되어 버렸다. 그것이 어떨 때에는 나를 속상하게 하는 날도 있었고, 지하 낭떠러지로 나를 떨어뜨리는 날도 있었다. 다시 무언가를 시작하기에 나는 제약이 너무 많아졌고, 이젠 무언가를 잃을 것도 많아진 나이만 먹은 어른같이 느껴지기도 했다.

　첫째 아이가 점점 커갈수록 아이를 위한 여러 공부를 시작하게 되었고, 지난 시절 내가 열정을 다해 집중하고 자신 있었던 나의 정보와 지식들이 아깝게 느껴지기 시작했다. 예전에 내가 아이들에게 알려주었던 일들을 우리아이에게도 알려준다면 참 좋을 텐데 하는 생각들이 나를 움직이게 했다. 또 그 때 강사들에게 전달하던 내가 개발했던 놀이들을 지금 주변의 엄마 표 놀이로 함께하면 정말 즐거울 텐데 하는 생각들이 용솟음쳤다. 시대는 많이 변했고, 트렌드를 따라가기 위해 틈나면 준비하고 고민하고 주변에 조언도 얻고 내가 할 수 있는 것들에 집중하려고 노력했다. 내가 가장 자신 있는 것. 내가 가장 많은 시간을 들였던 것. 연극쟁이가 연극놀이 강사를 준비한다면 훨씬 더 자신 있고 소신 있게 다가갈 수 있겠다는 확신이 들었다. 그런데 내가 지금 과연 다시 할 수 있을까? 전보다 나이도 더 많이 먹었고 그에 따른 체력적인 결함도 있을 것이고, 내가 생각하는 것이 맞는 것일까? 물론 이것에 대한 고민이 또 나를 여러 날 감싸 안았다.

　요즘은 정보화시대이다. 흔히 엄마들 사이에서는 엄마의 정보력이 아이의 경쟁력이라는 말이 나올 정도로 정보력을 갖기 위해 부단히 노력한다. 내가 꼭 남들보다 특출 나고 다양하게 뛰어나지 않아도 정보를 전달한다는 것만으로도 사람들의 관심의 대상이 될 수 있는 시대이다. 어떤 길을 가든 나보다 먼저 이 길을 가게 된 선배들이 남긴 영상들을 찾아서 보게 되고 누구나 나의 작은 노하우, 혹은 Tip을 전달하는 것만으로도 크리에이티브가 되는 시대인 것이다. 내가 자신감만 있다면, 누군가에게 전달하고 싶은 마음이 있다면 시작할 수 있다는 생각이 낭떠러지에 서있던 나를 건져낼 수 있었고, 지금도 그 생각은 변함없이 날 지탱해주고 있다.

　나는 첫아이 임신 중기에 접어들 때부터 조심해야하는 상황을 맞게 되어 집에서 보내는 시간이 갑자기 많아졌던 때가 있었다. 집이라는 공간에 오래 있는 것부터가 나를 힘들게 했고, 나를 더욱 무기력하게 만들던 때였다. 어떻게든 뱃속의 아이에게 좋은 것을 주고 싶은 마음에 나를 어떻게 행복하게 만들 수 있을까 고민했을 때 내 생각, 내 마음의 정리를 하기 위해 글쓰기를 시작해보았다. 처음엔 블로그로 일기처럼 시작했던 글쓰기가 어느 날부터 나 자신을 위로하고 있었고, 어느 순간 나를 살아가게 하는 힘을 불어넣어주고 있었다. 그때 언젠간 정말 꼭 책을 쓰고 싶다고 생각했던 막연한 바람이 지금의 나를 만들었다. 이 글을 쓰고 있는 지금도 순간순간 놀랍고 감사하다. 나는 부디 이 글을 읽는 분들이 생각이 많아질수록 먼저 몸을 움직이길 추천한다. 움직인다면 너무나 많은 것들이 열려있는 시대에 살고 있는 우리이기에.
나의 이야기도 계속 될 것이다.

    십년이 넘는 시간농안 한가지의 일만 고집했던 내가 강사가 될 것이라고, 작가가 될 것이라고 그때에는 꿈에도 생각하지 못했다. 엄마로써, 엄마의 시선에서 강사가 될 수 있을 것이라고도 정말 생각지 못했다. 지금도 교안을 작성하고 강의를 기획하면서 가끔 신기해서 웃음이 난다. 나의 이야기들이 나만의 역사가 되어서 나만의 정보력이 생기게 되는 것이다. 이것을 전달할 힘도, 매체도 아마 점점 지날수록 지금보다도 더 발전되어가는 시대가 다가올 것이라고 생각한다. 혹 나처럼 무기가 없으면 부딪히지 못하거나 가진 것이 없다고 생각이 드는 이가 있다면 나의 일상에서 혹은 내가 제일 자신 있게 말할 수 있는 한 가지에서 출발 할 수 있다는 이야기를 전하고 싶다. 말을 잘해야만 강사를 할 수 있다기보다는 내가 자신 있는 분야에서는 누구나 정서 혹은 정보를 잘 전할 수 있는 당신만의 역사가 있기에.

뒤바꾸어 '장점' 보기

내가 입을 뗄 마음의 준비가 되었다면 누군가가 나를 필요로 하고, 돌아보아야 내가 입을 자주 뗄 수 있을 것이다. 사람은 누구나 나보다 더 나은 사람 혹은 전문가 혹은 배울 점이 있는 사람에게서 배우거나 이야기를 듣고 싶어 한다. 나 또한 이것저것 많은 공부를 하고 많은 것을 찾아보며 열심히 하는 사람도 좋지만 '잘' 하는 사람을 지향하게 되었다. 그렇다면 내가 '잘하는 것'은 무엇일까?

요즘 MBTI가 유행하는데 과연 왜 그럴까? 많은 사람들이 자기 자신에 대해 더욱 궁금해 한다는 것이다. 나 자신 또는 내가 잘하는 것, 내가 보완해야할 점 등등을 알기 위해 타로카드를 보러가기도 하겠지만 요즘은 전화로 또는 영상으로도 손쉽게 알아 볼 수 있다고 한다. 나의 강의를 듣기위해 모인 사람들 앞에서 내 이야기를 전달할 때 역시도 가장 먼저 나 자신을 잘 알아야 한다. 나를 알기 위한 노력으로 나 자신의 장단점 정도는 충분히 스스로 알고 있을 것이다. 하지만 그것을 일부러 과장하여 장점을 만들어 보인다거나 단점을 안 하려고 한다면 그것이 과연 오래 지속될 수 있을까?

사실 나는 CS강의 혹은 스피치강의를 할 때보다 아이들과 뛰 놀며 역동적인 강사활동을 할 때에 더욱 편하게 느껴졌고 준비하는 기간도 즐겁게 준비할 수 있었다. 시간이 지난 뒤에 부모들을 대상으로 하는 강의에서도 내가 공감이 가는 주제 혹은 내가 직접 경험한 것들에 대한 강의가 훨씬 호평이 많았다. 나의 경험이 바탕이 되지 않은 것으로 그저 정보전달력에 초점을 둔 강의는 내 스스로도 무언가 다 전달하지 못한 것만 같아 끝나고 나서도 아쉬움이 많이 남았다. 그러던 중 강사양성과정으로 나를 점검하는 기회에서 "강사님은 강의보다 강연이 어울리는 분이에요.", "연기를 하던 분이어서 그런지 강사님의 경험을 바탕으로 하는 이야기에는 확 몰입이 되어서 인상이 깊어요." 라는 이야기를 많이 듣게 되었다. 이것에 대해 내 주변에 나를 가장 잘 아는 사람들에게 피드백을 부탁했고, 여러 가지 이야기를 듣던 중 뇌리에 남는 단어가 있었다. "여보는 호소력이 좋은데 경험이 없는 부분에 대한 전달을 할 때에는 호소할 수가 없기 때문인 것 같아!" 라는 남편의 말이었다.

  '호소력?' 의문이었다. 어떤 호소력을 말하는 걸까? 나에게 생긴 호소력은 사실 긍정적인 면이 아니었기에 나는 그것이 왜 나에게 좋은 영향으로 사람들이 말하는 것인지에 대해서 의문이 들었다. 내 안에 있는 호소력이란 어릴 때부터 내가 갖고 있는 안 좋은 버릇에 속한다는 생각을 무의식적으로 하고 있던 것 같다.

  어린 시절부터 나의 아버지는 내 이야기 뿐 아닌 다른 사람의 이야기를 잘 듣지 않는 분이셨고, 나는 다른 가족을 대신하여 아버지와 대적할 때가 많았다. 내 이야기를 듣지 않는 아버지에게 나의 답답함을 표현하기 위해 정말 다양하고 많은 호소를 해왔고, 점점 커가면서는 어머니에게도 나의 억울함과 아픔에 대해 많은 날들을 호소해 왔던 것 같다. 또한 너무 어린 나이일 때부터 누군가에게 평가받는 일을 전공해왔기에 나에 대해 피력해야했고 많은 오디션에서 나를 기억에 남기기 위한 호소력을 갖추기 위해 노력해왔던 것 같다. 그게 때론 압박감이었고, 지난 날 좋지 않은 기억들이 똘똘 뭉쳐있었기에 나에게 '호소력'이라는 단어가 내 강의의 장점이 될 것 이라고는 전혀 생각지도 못했다.

  나에게 호소력이라는 단어는 애가타고 억울하고 바짓가랑이를 붙잡는 심정으로 물고 늘어지는 듯이 내뱉게 되는 단어의 느낌이었다. 간단히 이야기하자면 '호소력'은 내 안에서 굉장히 부정적인 단어였던 것이다. 내가 부정적이라고 생각하는 부분이 내 강의에 녹아져있었고, 그것을 보고 내 주변의 사람들은 나에게 긍정의 이야기를 하는 것이 놀랍기도 했지만 무서워졌다. 과연 나는 나에게 있는 이러한 호소력을 없애려고 연습하고 노력하는 것이 맞는 걸까? 나에게 이런 부분이 없다면 내 전달력은 많이 감소될 것이고, 그렇다면 오히려 내가 입을 뗄 수 있는 기회가 줄어들지 않을까? 강의에서 강사의 전달력은 굉장히 중요한 부분인데 그 부분을 내가 포기한다고? 나는 끊임없이 나에게 질문을 했고, 다음 강의를 생각해내기까지 매우 조심스러워졌다.

　사람들이 강의를 듣기 위한 것은 긍정의 효과, 최상의 효과를 얻기 위해 찾는 것이 대부분 일 것이다. 지금 이 책을 선택하여 글을 읽고 있는 당신도 수많은 강의스킬을 얻기 위해 책을 열었을 것이다. 나도 내 강의를 듣기위해 귀한 시간을 투자하신 분들에게 내 안에서 부정의 이미지를 갖고 있는 것을 내비추고 싶지 않았기에 무엇이 맞는 것인지를 고민하는 시간은 오랫동안 나를 멈추게 하였다. 매일 밤 고민에 사로잡혀있던 나에게 남편은 "부정을 부정 하는 거야? 부정의 부정은 긍정이지!"라고 이야기했다. 처음엔 나를 위로해 준다고 생각되어졌지만 이내 나는 나를 뒤바꾸어서 바라볼 수 있게 되었다.

　혹시 '부정의 부정'이라는 철학자 헤겔의 '헤겔변증법'을 들어본 적 있는가? 이 법칙은 자기모순을 내포함으로 인해 나 자신을 부정하고, 다시 그 상대적 대립 자체를 부정하여 한층 높은 종합 통일로 나아가는 것인데 여기서 얻어진 결과는 맨 처음의 규정보다 풍부한 내용을 갖는다는 내용이다. 그렇다면 이 법칙에 따르면 내가 갖고 있는 '호소력'은 부정의 감정을 내포한 호소력이다. 이것을 내가 부정하여(무의식에 부정의 감정이 담겨있다는 것을 안다는 것 자체) 응당 긍정의 호소력으로 전달할 수 있다면 헤겔의 법칙에 따라 결과는 맨 처음의 내용보다 훨씬 풍성한 결과를 낳을 수 있지 않을까? 하는 확신이 들었다. 말이 어렵고 길어졌지만 결국 내가 부정하여 감추고 없애는 것보단 오히려 이것을 나만의 스킬로 만든다면 듣는 이의 입장에서 결코 부정의 면만을 얻지는 않겠구나! 하는 생각으로 정리 된 것이다.

아이들을 키우며 감사하게 오는 여러 기회들 속에서 나는 나의 장점을 억지로 만들거나 다른 장점을 찾기 위해서 주춤할 여유가 없다고 생각했다. 그래서 주변에서 객관적으로 나를 보아준 사람들이 얘기한 이 '호소력'을 나의 장점으로 강화시켜야겠다는 생각이 들었다. 나의 장점을 찾으려는 노력은 아마도 내가 장거리를 운전할 수 있도록 휘발유를 충전하면서 연료첨가제를 곁들여주는 것이 아닐까? 나의 강의가 매끄럽게 주행할 수 있도록 첨가제를 곁들여 내 강의가 좀 더 깊이 전달되도록 말이다. 잘하고 못하고의 장점 단점이 아닌 생각을 조금 뒤바꾸어서 생각해 본다면 조금 더 독창적이고 나만의 브랜드화 되는 강의를 만들어갈 수 있지 않을까 생각해본다. 내가 나만의 스킬로 당당하게 바꾸어 본다면 물고 늘어져서 단점으로 보이는 호소력이, 당신에게 도움이 되길 바라는 나만의 간절함으로 비추어진다면 그것은 내 강의에서만 만날 수 있는 나만의 스킬이 되지 않을까?

또 한 가지 내가 뒤바꾸어 생각하게 된 나만의 '장점'은 앞서 이야기에 썼던 것처럼 나를 지하 낭떠러지로 떨어뜨렸던 '임신 기간' 그리고 나의 발을 묶어두었던 '육아'이다. 그 누구에게나 'History'가 있듯이 나또한 나만의 역사 속에서 '엄마'가 되었다. 이것은 또 나 자신에겐 경험이고 내가 앞으로도 끊임없이 고민하고 고뇌해나갈 나만의 이야기인 것이다. 어떻게 본다면 모든 사람들이 각자의 사연이 있고, 고민이 있고, 내가 이겨 나가야하는 것들이 있지만 그것 모두가 나의 역사가 되고 나만의 노하우인 것이다. 인생은 경험을 해본 자에게 더욱 깊고 당도 높은 과즙을 주는 것이라고 생각한다.

나의 임신기간은 굉장히 불안정했고, 첫째뿐 아니라 둘째를 품고 있는 기간에도 '나는 임신을 하면 왜 이렇게 힘든 상황이 자꾸만 펼쳐지는 것일까?' 라는 생각이 들 정도로 징크스 같은 나날들이 펼쳐졌다. 그리고 '엄마'로써 모든 엄마들이 그러하듯 매일이 새롭고 매일이 무서운 날들이 앞으로도 남아있다. 나에겐 안 좋은 기억, 안 좋은 사건이라고 생각되어진 내 인생의 이슈들이 지금의 나에겐 뒤바뀌어져 새로운 목표를 안겨주었다. 그것은 지금까지도 매일 생각을 떠올릴 때마다 나 자신을 놀라게 한다.

'내가 이런 목표를 갖게 되다니?' '내가 이 부분에 대해서 이렇게 공부할 수 있다니?' 하고 말이다. 이것은 아픈 아이를 품고 있었던 나의 절박함. 그리고 병원 밖에서 어쩔 줄 몰라 하며 말 못하는 핏덩이의 울음에, 같이 엉엉 울던 초보엄마 시절속의 내가 일구어 낸 것이다. 왜 나에게만 이런 일이 생겼을까? 라는 생각을 없애기 위해 노력한 까마득한 밤들, 이 이슈들이 나를 덮치지 못하도록 이겨가던 매일, 그리고 강하지만 밝은 엄마의 모습으로 내 아이에게 남겨주겠다는 소망과 시간이 지금의 나에겐 경험이고 노하우가 되어 나처럼 앞이 캄캄한 누군가를 위해 공부하고 싶다는 마음이 생긴 것이다.

연극을 하는 사람들은 한번쯤 들어보았을 이야기가 있다. "인생은 가까이서 보면 비극이지만 멀리서 보면 희극이다."라는 찰리 채플린의 명언이다. 당신을 가장 가까이에서 보고 있을 당신 자신은, 내 자신의 가장 볼품없고 초라하고 한없이 단점만을 꼬집어서 볼 수 있겠지만, 멀리서 보고 있을 몇 년 후의 당신에겐 그것이 모두 '나'라는 귀중한 역사라는 것을. 나를 더 귀하게 만들 수 있는 가장 큰 장점일 것이라는 것을 잊지 않았으면 좋겠다. 그것을 발전시키거나 혹은 조금 뒤바꾸어 나만의 특 장점을 만들어갈 수 있는 일을 소홀히 하지 않았으면 좋겠다. 내가 지금 게으르다면 나 자신이 게으르다는 것을 알고 있다는 것이 당신의 장점인 것이고, 내가 자꾸만 나 자신을 합리화하는 사람이라면 나는 나 자신을 정당화하기 위해 노력하는 사람일 것이다. 그것을 조금 뒤바꾸어 게으름을 알고 있는 나는, 내가 할 수 있는 만큼의 움직임은 확실하게 다지는 것이 다른 사람들에게 장점으로 보여질 수 있고, 나 자신을 정당화하기 위해 스스로의 옳음을 생각할 줄 아는 장점으로 뒤바꾸어 볼 수 있다는 것이다.

장점과 단점에 대한 이야기로 풀어갔지만 한 분야에서 오래도록 경험하다보면 스스로의 매너리즘에 대해서도 많이 생각해 보는 경우가 있다. 내가 스스로 인지하지 못했던 나만의 습관이나, 나만의 안 좋은 버릇들을 인지하는 때가 오거나 혹은 바꿔야겠다, 고쳐야겠다, 하고 생각이 드는 순간도 분명 있을 것이라고 생각한다. 무조건 달라져야한다거나 습관을 고치기 위해서 부자연스러움을 여러 번 연습하는 순간들 속에서 부디 도움이 되길 바라는 마음으로 써본다. 안 좋은 습관들을 아예 없애기 위해 노력하기보단 나만의 특별함으로 조금씩 변형해본다면 억지로 바꾸려하여 부자연스러운 모습보단 훨씬 좋은 모습으로 강의를 이어갈 수 있지 않을까 하는 마음이다. 요즘 대중적으로 인기가 높은 '일타강사'들의 모습을 보아도 한 과목에서 한 강사만이 인기가 있다기보다는 여러 스타일의 강사들이 있다. 그 분들 중 나에게 맞는 강사를 선택하는 모습을 볼 수 있기에 많은 다양함과 여러 스타일이 존재한다는 것이다. 그렇기에 나의 특색을 장점화, 단점화 혹은 매너리즘에 스스로 가둬두지 않고 나만의 특색있는 브랜드화로 만들어가는 것에 더 시간을 두기를 추천한다.

　나 또한 잠시 오히려 내가 정보전달력에 미숙한 강사인 것이 아닐까? 하는 생각에 주눅이 들었던 시간도 있었지만 이제는 괜찮다. 나만의 연료첨가제를 만들었고 앞으로도 나만의 연료첨가제는 무수히 다양하게 만들어지면서 어마어마하게 나를 가속화 시켜줄 테니 말이다.

라이브의 제 맛은 휴머니즘

　　어느 정도 마음의 초석을 다져왔다면 이젠 실전에 대해서 이야기 해 볼 차례이다. 모든 이야기의 흐름과 삶에는 기승전결이 존재하듯이 실전은 절대 빼놓을 수가 없다고 생각한다. 언제나 그래왔지만 요즘은 더욱 더 '라이브'가 활발한 시대라고 생각한다. '라방'이라는 말이 익숙할 정도로 우리의 실생활 속에서도 더욱 깊숙하게 '라이브방송'이 존재하고 있다. 왜 이렇게 '라이브'가 가까워지고 있는 것일까? '라이브'만의 매력은 무엇일까?

　　오랜 생활 무대 활동을 추구했던 나는 아직도 무대 위에서 혹은 관객석에서의 매력을 너무 좋아한다. 공연예술 또한 '라이브'의 한 종류로 볼 수 있는데 공연을 좋아하는 사람들은 똑같은 공연을 몇 번씩이나 본다. 많게는 수 십 번씩 티켓을 끊어 관람한다. 내가 고등학생일 때에 똑같은 공연을 7번 본 적이 있었는데, 그때에는 아직 그 문화를 이해하지 못하는 사람들이 너무도 많았던 때였다. 하지만 지금은 7번이 아닌 17번을 봤다는 사람도 존재할 만큼 우리의 문화는 많이 바뀌었다. 이것이 바로 '라이브'의 매력이 점점 대중화 되었다는 것이다.

　　그렇다면 '라이브'를 이렇게 추구하는 이유는 무엇일까? 아마도 가장 큰 이유는 바로 소통일 것이다. 유명한 가수들이나 배우들이 팬들과 소통하기 위해 요즘은 SNS를 통해 라이브방송을 많이 켠다. 요즘시대에 맞게 서로 얼굴을 보면서 실시간을 공유하고 대중들이 묻는 이야기에 바로 답을 할 수 있기에 가장 가깝게 소통할 수 있는 도구로 사용되어지고 있다.

　　그렇다면 우리의 이야기로 돌아와서 강사들도 대부분 '라이브'로 내 강의를 듣는 분들과 만나게 된다. 요즘은 코로나시대를 지나 온라인 강의도 많아지고 있는 추세이지만 온라인이든 오프라인이든 '라이브'로 함께하는 강의가 굉장히 많다. 혹은 미리 강의를 녹화한 녹화강의의 컨텐츠를 들어도 댓글이나 SNS의 메시지를 통하여 모르는 부분, 이해 안가는 부분들에 대한 질의응답을 한다거나 E-메일로 강의 자료를 보충하며 교류하는 강의들도 많이 보여 진다. 이것의 가장 중요한 초점은 무엇이냐. 바로 '소통'이라는 것이다.

    요즘은 GPT시대라고 하여 AI가 인간을 대체하는 것이 점점 늘어나고 있는 시대이다. 새로운 시대로 인하여 생활의 편의도 늘어나고 좋은 점도 분명 많지만 한편으로는 걱정 되는 것도 많은 게 사실이다. 점점 줄어들거나 사라지고 있는 직업도 많아지고 열심히 갈고닦은 기술들도 무용지물이 되고 있는 게 지금 현 시대의 현실이다. 그렇다면 인간만이 할 수 있고 대체할 수 없는 것이 무엇이 있을까? 내 생각에 가장 강력한 것은 바로 '소통'이다.
우리는 소통을 굉장히 중요하게 여기고 있고, 이 소통을 하기 위해 다양한 노력을 하고 있다고 생각한다. 소통을 하기 위해 점점 발전되어진 문화가 '라이브'라고 생각되어지는데 사람과 사람의 소통을 이어주는 라이브 속에 빠져서는 안 되는 것. 나는 그것이 바로 '휴머니즘'이라고 생각한다.

    '휴머니즘' 이란 간단히 말하자면 인간의 존엄성을 최고의 가치라고 생각하는 사상이다. 더 쉽게 풀어보자면 '인간다움'이라고 생각할 수 있는데 예를 들어 AI와의 소통에서 우리가 얻으려고 하는 것이 정보, 정확한 계산 등이라고 한다면 우리 엄마한테 전화해서 소통하려고 하는 것은 위로, 마음의 안락함, 격려 등 이지 않을까? 내가 인간이기에 가장 인간답게 다가갈 수 있고 또 가장 마음깊이 교류할 수 있는 것이 바로 '소통'인 것이다.

    그렇다면 다시 돌아와서 생각해보자. 내가 생생하게 전달할 수 있는 '라이브' 강의를 진행할 때 내가 절대로 놓치면 안 되는 것은 무엇일까? 에 대해서 생각해 본다면 그것은 바로 휴머니즘을 빼놓을 수 없다는 것이다. 강의를 진행하며 강사는 끊임없이 전달을 하고 있고, 그것을 강의로 들은 모든 분들이 공감을 했는지, 새로운 것을 얻게 되었는지 등등 에 대하여 전부 소통하고 알아볼 수는 없기에, 강의에서 '휴머니즘'을 뺄 수 없다고 생각된다. 나의 휴머니즘을 녹인 강의가 똑같은 주제를 갖은 수많은 강의들 중 기억에 남을 수 있지 않을까? 앞서 말한 것처럼 사람들은 왜 라이브 콘서트의 티켓팅을 위해 컴퓨터 앞에서 목을 빼고 기다리고, 똑같은 공연을 몇 십번씩이나 다시 보러 가는 것일까?

사람 대 사람으로서 공존하며 나눌 수 있는 가장 큰 휴머니즘을 느끼러 가는 것이 아닐까 생각할 수 있다. 10번의 공연을 한 치의 오차도 없이 매번 똑같이 실현할 수 있는 AI가 아니라 10번의 공연 속에 컨디션이 좋은날, 몸이 너무 잘 풀린 날, 날씨가 안 좋아서 목이 잠긴 날 등등 내가 소통하려는 사람의 매일 매일 다른 다양함을 느끼기 위해 그 인간다움을 함께 즐기고 싶기에 '라이브'가 점점 대중화 되고 있는 것이라고 생각되어 진다.

그렇다면 나만의 강의가 다른 사람들의 강의와 차별화가 될 수 있는 가장 큰 스킬은 무엇이 있을까? 그것은 나만의 휴머니즘을 녹여야 한다고 생각한다. 나만이 할 수 있는, 나만이 갖고 있는. 혹은 내가 가장 잘 공감할 수 있는 주제나 강점을 놓고 강의를 시작한다면 가장 좋다고 생각되어지는 것이다. 하지만 모든 강의의 주제를 내가 정할 수는 없기에 어떻게 하면 그 주제 안에서 많은 사람들과 공감할 수 있는 혹은 소통할 수 있는 나만의 것을 찾을까? 에 대하여 고민해보길 바란다.

나의 경험 중 가장 최악의 스피치를 했다고 생각되어지는 경험이 있다. 예전에 감사한 기회로 스피치활동을 하던 중 대통령후보의 선거운동 유세단으로 선출되어 한 지역에서 대통령후보 선거운동 스피치를 맡았던 적이 있었다. 아쉽게도 내가 공감이 가지 않았던 후보였기에 대본을 쓰면서 정말 힘들었던 기억이 있다.

선거운동을 맡은 후보분에 대한 많은 정보와 많은 업적에 대해서 조사하고 공부했었지만 항상 스피치가 끝나고 단상을 내려올 때면 내가 무슨 말을 했는지, 몇 번째 대본으로 스피치를 하고 내려왔는지 기억에 남지도 않았다. 지금 다시 돌이켜 생각해보며 지금의 내가 다시 한다면 그때보다 더 나은 모습으로 할 수 있을까? 내 자신에게 질문을 던져보아도 그때 정말 많이 노력했었구나 하는 생각만 든다. 내가 후보 분을 생각하며 대본을 쓸 때에도 나는 이해되지 않는 부분이 너무나 많았고, 내 마음에서 우러나지 않았기에 대중 앞에서 스피치를 할 때에 혹여나 과장되어 보이거나 무리하는 것처럼 보일까 걱정과 우려가 많았던 것 같다.

앞서 말한 듯 휴머니즘을 나눠야 하는 자리에서 첫째로 공감이 되지 않으니 대중들 앞에서 내 자신이 왠지 거짓말을 하는 것처럼 느껴졌고 소통이 되지 않는 기분이 들었다. 내가 내뱉는 말들이 그저 모두 거짓처럼 느껴졌다. 그래서 단상에 올라가야하는 시간이 되면 대중들의 눈을 마주치며 전달하려고 노력하기 보단 멀리 시선을 허공으로 보내며 대본을 읊고만 내려온 기분이었다. 그 부분이 나를 너무 괴롭고 힘들게 만들었던 것 같다. 내가 그 후보 분을 정말로 공감하는 마음이 생기도록 노력을 해본다던지, 그 후보 분을 지지하고 공감하는 주변 분들에게 적극적으로 지지하는 이유를 조사해본다던지 등등 그런 시간을 충분히 갖은 다음 스피치를 시작했다면 조금은 달라졌을 것 같다.

그때에는 그런 큰 기회의 자격이 주어진 것만으로도 나의 경력에 너무 좋을 것 같았고, 잘 해내야겠다는 욕심만 앞서서 공감과 소통에 중점을 두기 보단 그 분의 업적이나 그 분에 강점인 특징만을 극대화시켜서 자극적인 문구를 곁들여 대본을 써야겠다는 생각에 가장 중요한 본질을 놓쳐버리고 시작했던 것이다. 그때의 경험이 나에겐 아주 큰 공부가 되었다.

사람과 사람이 만나서 가장 사람다움에 대한 이야기를 하는 귀중함이 담겨있는 것이 '라이브'만의 매력이라고 생각한다. 혹은 영상이나 음성으로도 결국은 사람들에게 전달하고자 하는 소통에서 시작하는 것이기에 당신의 휴머니즘이 언제나 녹아있기를 응원한다. 지금 글을 쓰고 있는 나도 글로써 전달하는 것이 많이 서툴고, 너무 날 것처럼 느껴지지만. 나의 경험을 토대로 사실과 진심을 다해 글을 쓰며 나만의 휴머니즘이 담기길 고심하며 한 줄 한 줄 써본다. 이것을 읽고 있는 당신에게 조금이나마 도움이 되고 싶은 진심을 담아 글로 소통하려는 나의 마음이 부디 전해지길 마음깊이 바란다.

입을 떼는 이유

　앞서 이야기를 써왔듯 나는 임신과 동시에 경력단절이 되었다. 아이 둘을 키우며 사실 모든 엄마들이 그러하지만 굉장히 정신없고 깜빡깜빡하기도 하고, 뭔가 하는 일이 없는 것 같으면서도 우리집안 식구들 중 제일 바쁘게 하루하루를 살아간다. 그런 내가 다시 강사 일을 시작하기로 마음먹고 사람들 앞에서 입을 떼겠다고 결심하게 된 이유는 무엇이었을까.

　아이를 키우면서 나에게 너무나 크게 와 닿았던 것은 바로 '경험'이다. 당연한 이야기처럼 생각되지만 인생을 처음부터 시작하는 아이들을 보면서 더 크게 와 닿게 되었다. 어른들도 처음은 언제나 실수투성이고 우왕좌왕이지만 모두가 아닌 척, 안 그런 척 하며 내 안에서 열심히 백조의 물 밑에서의 발 장구처럼 살아갈 것이다. 하지만 세상에서 제일 솔직한 아이들은 그렇지 않다. 처음이기에 낯설어하고, 경험이 없기에 서툰 것이 눈에 보인다.
그런 아이들에게 내가 가장 중요하게 생각하는 많은 경험을 시켜주기 위해 나름대로 부단히 노력한다. 처음 아이가 태어나고 다음날 아침이 두려웠던 때, 나에게 힘이 되어주었던 것은 미리 경험한 지혜들을 기꺼이 나누어주는 경험자분들. 그리고 보이지 않는 길을 함께 걸어준 가족들과 남편, 친구들이었다.

　그렇다. 결국 나는 사람(아이)을 키워가는 과정 속에서도 사람들에게 의지하며 앞을 더듬거리고 발을 뗄 용기를 얻었다. 나는 아직 1년에 두 번 우리아이와 대학병원을 간다. 아이와 대기의자에 앉아 한참을 기다리는데 그곳에 몇 년 전 내가 보인다. 갓난아기를 안고 어쩔 줄 몰라 하며 내일이 컴컴한 듯 숨죽여 우는 엄마들. 아이를 끌어안고 아이의 이마에 입술을 대고 간절히 기도하는 아빠들. 아무것도 모르면서 이유모를 이 분위기가 싫어서 엉엉 울며 달래지지 않는 아이를 보면서 갑자기 큰 딸이 내 가방을 뒤진다. "뭐 찾는 거야?" 라고 물으니, "이거 간식 동생한테 나눠주려고. 울지 않게 같이 나눠먹으려고."

　내가 딸을 키우듯 딸이 나를 키운다. 그 날 아이의 행동이 기특하면서도 그 조그만 아이가 자신보다 더 경험이 적은 아이에게 자신의 경험을 나누려고 노력하는 모습을 보며 나는 마음을 먹게 되었다. 자신의 차례가 언제 올까 불안하기도 하고, 주변에 아이들이 우는 소리에 긴장도 하며 그 시간이 참 힘들었을 텐데 또 다른 힘을 쓰고 있는 동생을 보고는 두 아이가 간식하나에 마음을 나누었다. 그리고 힘든 시간을 그나마 깔깔깔 하며 웃음으로 보냈다. 나도 내가 가진 경험과 지혜를 공감하고 필요로 하는 많은 사람들과 나누고 싶다. 그리고 나 또한 서툴고 미숙한 부분에 도움을 받고 싶다. 힘든 시간은 함께 배워가고 기쁜 시간은 더욱 기쁘게 나누고 싶다. 장황한 이유가 아니라 그저 사람들과 소통하며 어우러져서 일구어 가고 싶다. 그것이 내가 입을 떼고 싶은 첫 번째 가장 큰 이유이다.

　두 번째로는 내 자신에게 제대로 각인시키고 싶은 이유이다. 아이들의 교육 속에서 가장 중요하다고 인식되어 진 하나는 예습과 복습이다. 또 반복학습도 아이들 교육에서 빠질 수 없다고 알려져 있는데 아이들뿐만 아니라 어른에게도 예습과 복습, 반복학습은 끊임없이 적용되어 진다고 생각한다.

　바로 그러한 의미와 같은 부분으로 난 나에게 반복적으로 내가 잊지 않기 위해 상기시키기 위해 내 입을 뗀다. 아이들이 학교에서 선생님께 배운 내용을 가정으로 돌아와 아빠 엄마에게 선생님이 되어서 가르쳐 준다면 아이들은 그 내용을 잊지 않을 것이다. 나 스스로도 내가 머릿속에서 알고 있는 내용을 행하는 것 보다 아이들을 지도하고 난 이후 나의 실력이 향상되는 것을 느꼈고, 긍정의 메시지를 전하는 강의를 진행하고 난 후에는 내 스스로가 가장 긍정적인 생각을 하고 있는 것을 발견할 수 있었다. 내가 나를 자각시킬 수 있는 방법, 내가 나를 다시 힘내서 걷게 하는 방법으로 나는 입을 떼기로 결심했다. 결국 내가 입을 떼면 내가 내뱉은 말들이 다시 나에게 돌아온다. 그것들을 돌아보며 '아! 이런 생각도 했었구나.' '아... 이런 생각으로 이겨냈지.'하고 나를 다시 다잡게 된다. 다른 사람들과의 소통을 위해서도 입을 떼지만 가장 원초적으로 나 자신을 위해서, 내가 계속 걸어 나갈 수 있기 위해서도 입을 떼는 이유이다.

　마지막으로 세 번째 이유는 아주 간단하다. 나는 한가지의 주제를 두고 생각을 나누는 것을 좋아한다. 여러 사람들과 사람들의 다양한 이야기를 나누는 것이 좋다. 내가 주도적으로 이야기하는 것도 좋아하지만 다른 사람들의 이야기를 듣는 것도 나에겐 크나큰 공부이고, 간접 경험이다. 사람들과 어우러지는 것이 나라는 사람의 특권이라고 생각되어 진다. 생각해보면 요즘같이 다들 바쁘게 살아가고, 각자의 시간을 보내는 것이 중요한 시대에서 함께 공통된 주제를 갖고 만난다는 것부터가 참 감사한 기회이다. 공통된 주제를 함께하기로 선택했다는 것만으로 관심사 혹은 함께 이야기할 수 있는 폭이 생활적인 것이든, 기술적인 것이든 공감할 수 있는 범위가 넓고 공유할 마음의 준비를 하고 만났다는 것이다. 그것이 참 설렌다.

　말의 무게가 얼마나 무겁고 무서운지 알고 있다. 내가 누군가에게 전달될 말의 무게를 생각해보며 그럼에도 불구하고 내가 입을 뗄 용기를 내었다는 것은 실로 대단한 것이다. 그렇기에 내가 왜 입을 떼려고 하는지 자신만의 정확한 이유를 생각해보면 좋을 것 같다. 내가 흔들릴 때에 그 이유들이 나를 잡아주고, 무책임한 말을 내뱉지 않게 신중하게 입을 뗄 수 있도록 도와줄 테니 말이다. 내가 용기를 내어 입을 뗀 만큼 더 강인해질 나를 기대한다.

　내가 입을 뗀 횟수만큼 나는 더 단단해 질 것이고, 시간이 더 흐른 뒤엔 더 탄탄한 말들을 내뱉을 수 있겠지. 나의 아이들 앞에서도 더욱 탄탄하고 현명하게 입을 뗄 수 있는 날을 그리며 오늘도 여러 번 교안을 고쳐본다. 글을 마무리하며 생각해 본 나의 최고의 강의스킬은 바로 사랑하는 사람, 내 가족이 아닌가 하는 생각을 하며 입을 떼기로 한 내 자신이 감사하다.

　　나의 글은 내 스스로가 생각하기에 조금 투박하고, 누군가에겐 너무 뻔한 이야기일지도 모른다. 하지만 나는 드라마틱한 스킬이나 무릎을 탁 치게 만드는 엄청난 스킬을 보유하고 있지 않고, 또 그러한 것들이 나만의 스킬이라고 생각되어지진 않는다. 나의 진심을 담아 지나온 나의 이야기를 솔직히 담으며 내가 걸어온 길 위에 묻어져 있는 나의 발자국이 진정한 나의 스킬이라고 생각하여 투박해보일지라도 사실 그대로를 꾸밈없이 담아보았다.
부디 당신이 지나 온 자리에 묻어나 있는 당신만의 스킬도 당신이 입을 뗄 때에 꼭 담아보길 마음 다해 응원한다.

에필로그

사람들에게 '음악'은 아주 큰 힘이 있다. 나를 다시 일으켜주는 원동력이 되기도 하고, 나를 온전히 위로해주는 노래도 있다. 또 나를 과거로 데려가주어 예전의 나와 만나게 해주며 추억할 수 있게도 해준다.

음악처럼 '말'에도 아주 큰 힘이 있다. 어릴 때 이름 모를 누군가에게 들었던 말이 아직도 내 마음 속에 남아있고, 스쳐 지나는 사람에게 들었던 말도 내 귓가에 가끔 들려온다.

당신의 '말' 한마디가 누군가에겐 힘이 될 수도 위로가 될 수도 있고, 원동력이 될 수도 나 자신을 돌아볼 수도 있게 만드는 '힘'이 될 수도 있다. 그런 엄청난 '힘'을 당신은 언제든 입을 떼어 말할 수 있다. 당신도 나도 그런 감사한 능력으로 나 자신이 얼마나 가치 있는 사람인지 느끼며 입을 떼길 언제나 응원한다.

나의 말 한마디도 허투루 듣지 않고 소통해주는 나의 남편과 내가 신중히 입을 뗄 수 있게 지탱해주는 우리 두 딸들에게 감사하며 진심을 다해 손으로 담아보았다. 입을 떼는 것만큼 큰 용기를 담아 손으로 '말'을 전달할 수 있음에, 소통할 수 있음에 감사함을 느낀다.

저자 소개

이수진 | 강사 마인드셋 전략
독서미술, 그림책 감정 코칭, 연극 놀이

국립전통예술 중·고등학교 음악연극과 전공
수원여자대학교 연기영상과 전공
독서미술지도사 자격증 2급
그림책 감정코칭지도사 1급
그림책 감정표현놀이 지도사 자격증 보유
〈풀내음맘 컴퍼니〉 대표
한국여성아카데미협회 정식강사

이메일 sunsoo_soo@naver.com

 〈풀내음맘 컴퍼니〉 대표. 오프라인강의로는 아이들과 직접 만나 연극놀이를 진행하는 〈풀내음맘 극적극적〉 프로그램을 진행하고 있고, 온라인강의로는 엄마들과 함께 〈엄마표 극적극적〉, 〈엄마표 북적북적〉 프로그램을 진행하고 있다. 아이들이 가장 행복해하는 가족들과 함께하는 시간이 더욱 풍성해지고 행복할 수 있도록 엄마로써도 강사로써도 활발히 일구어가는 중이다.

 뮤지컬, 연극배우로 다양한 작품에 참여해왔다. 공연예술 활동을 활발히 하며 병설유치원 특성화활동 연극놀이 강사, 체육관에서 뮤지컬 연극놀이의 콜라보활동 강사 등으로 일하며 아이들과의 연극놀이 프로그램을 주로 강의 혹은 강사활동을 하였다. 이후 아이들을 위해 '그림책'관련하여 공부를 시작하였으며 '그림책독서미술 지도사자격증' '그림책감정코칭 지도사자격증' 등을 취득 후 아이들이 그림책 속의 주인공들을 연극놀이로 더욱 가깝게 만나볼 수 있도록 강의활동을 재개하였다.

향후 문화접촉 소외계층을 위해 다양한 아이들과의 놀이를 기획하고 싶다. 아이들과 가족들의 마음속 자존감을 단단하게 할 수 있는 함께하는 프로그램으로 아주 작은 힘이 되고 싶다.

누구나 좋은 강사가 될 수 있다

이알리시아

강사는 특별한 사람만 되는 것이 아니다
'프로수강러'가 되자
가족은 최고의 수강생이다
진정한 기버(Giver)의 마인드로 임하자
눈 맞추고, 대화하고, 공감하자
완급조절은 필수다
다시 만나고 싶은 사람으로 기억되자

강사는 특별한 사람만 되는 것이 아니다

    4년 전, 나에게는 절대 오지 않을 것 같았던 산후 우울증이 찾아왔다. 금방 지나갈 것이라 생각했던 우울증은 생각보다 꽤 오래 나를 괴롭혔고 급기야 병원에 가야 할 상황에 이르렀다. 정신과 상담을 받고 처방받은 항우울제를 6개월간 복용했지만 아무런 변화도 차도도 없었다. 주체할 수 없는 우울감은 그대로였고, 불안감과 불면증은 나날이 심해져 갔으며, 약의 부작용으로 인해 늘 무기력했고 식욕도 사라져 점점 야위어 갔다.
    그러다 우연히 소개받은 아로마테라피(향기요법)는 산후 우울증을 극복하는데 생각보다 큰 도움이 됐다. 식물에서 추출한 에센셜 오일의 뚜껑을 열어 향기를 매일 깊게 호흡하고, 아로마 마사지와 목욕을 즐겼을 뿐인데 3개월 만에 나의 증상은 눈에 띄게 호전되어 있었다. 물론 가족의 따뜻한 보살핌, 나를 보고 방긋 웃어주며 건강하게 자라준 아이, 적절한 운동 등이 함께 병행되어 큰 시너지 효과가 일어났을 것이라 생각한다.

    나는 그때부터 아로마테라피와 자연의 향을 담은 에센셜 오일의 매력에 깊게 사로잡혔고, 단순한 취미 생활을 넘어 산후 우울증 또는 육아 우울증을 겪는 엄마들과 심리적 어려움으로 인해 도움이 필요한 많은 사람들이 아로마테라피를 쉽게 배우고 경험할 수 있도록 교육하는 전문가가 되고 싶었다.
    아이가 어린이집에 가기 시작할 즈음, 나는 우선 아로마테라피 전문가 과정을 수료하고 자격증을 취득했다. 자격증만 있으면 강의를 해 볼 기회를 쉽게 찾을수 있을 것만 같았지만 현실은 그리 만만하지 않았다. 심지어 코로나19로 인해 실습의 기회조차 거의 없었고, 10년 넘게 회사만 다녔던 나는 강의 경험도 전혀 없었기 때문에 무엇부터 시작해야 할지 너무나 막막했다.

다행히 교육을 진행해 주셨던 협회 관계자분께 조언을 구할 수 있었고, SNS에 아로마테라피 교육과정에 대한 광고를 내보는 것이 어떻겠냐는 말에 무작정 인스타그램 계정을 열고 겁도 없이 수강생 모집 광고를 게시했다.

그때만 해도 인스타그램이 지금만큼 포화상태가 아니었기 때문이었는지, 광고를 올린지 얼마 되지 않아 바로 수강문의가 들어왔고 나는 그렇게 첫 수강생들을 만날 수 있게 되었다.

강의 날짜를 조율하고 며칠 동안 밤을 새우며 수업을 열심히 준비했다. 회사 근무 경험을 살려 화려한 프레젠테이션도 만들고 최대한 많은 정보를 꾹꾹 눌러 담았다. 강의를 통해 에센셜 오일 판매가 이뤄진다는 업계의 흐름을 알고 있던 나는 많은 정보를 제공하면 당연히 제품도 팔릴 것이라 생각했다.

눈 깜짝 할 사이에 강의 날이 다가왔고 쿵쾅대는 심장을 부여잡으며 첫 강의를 진행했다. 약 1시간 동안 강의를 진행했는데 사실 당시에 너무 떨어서 무슨 말을 했는지 잘 기억이 나지 않는다. 분명하게 기억하는 건 며칠 동안 준비했던 강의 내용을 하나도 빠뜨리지 않기 위해 혼자서 열심히 떠들다가 강의 시간이 훌쩍 지나가버렸고, 질의응답을 할 시간도 없이 누구에게 쫓기듯 그렇게 나의 첫 강의가 끝나버렸다는 것이다. 당연히 그때 만났던 수강생들은 다시 나를 찾아오지 않았다.

그로부터 3년이 지난 지금, 이제는 어느 정도 경험이 쌓여 나의 강의를 꾸준히 들어주는 여러 명의 수강생과 매주 소통하고 있다. 온라인, 오프라인 할 것 없이 주어진 상황과 시간에 맞춰 수십 명의 청중 앞에서도 자신 있게 아로마테라피를 전하고 알릴 수 있는 나만의 노하우와 스킬도 생겼다.
화려한 경력의 수많은 강사들 사이에서 나는 아직 성장 진행형이며 갈 길이 한참 남았지만, 적어도 이제는 내가 하고 싶은 말만 읊어대는 강사가 아니라 청중과 함께 호흡하고 소통하며 그들이 나의 강의를 통해 얻고자 하는 가치를 제공할 수 있는 좋은 강사가 되기 위해 노력하고 있다.

'만약 처음부터 선배 강사를 통해 좋은 강사가 되는 방법을 배울 수 있었다면 얼마나 좋았을까' 하고 생각해 본 적도 있다. 하지만 결국 내가 찾은 정답은 직접 시도해보고, 부딪혀보며 스스로 배워야 진정으로 성장할 수 있다는 것이다.

내가 강사가 되기로 마음 먹었을 때 나는 이제 막 산후우울증을 극복한 어린아기의 엄마였고 '경단녀'였으며 강의 경험이라고는 전무한 평범한 주부였다. 그럼에도 다양한 시도와 노력 끝에 강사로 성장할 수 있었고 지금 이렇게 강의 스킬에 대한 책을 쓰고 있다는 사실이 내게도 꿈만 같다.
특별한 사람, 전문가만이 강사가 될 수 있는 시대는 이미 지났다. 이제는 내 경험도 강의가 될 수 있다. 내가 이미 겪어 본 실패와 극복 과정이 누군가에게는 간절히 필요한 이야기가 될 수 있다는 말이다.
혹시 당신도 3년 전의 나처럼 강의 경험이 없어서, 무엇부터 시작해야 할지 몰라서 고민하고 있다면 지금 당장 시작할 수 있는 몇 가지 방법과 내가 직접 경험하며 얻은 다양한 전략을 소개하고자 한다.

시작이 반이다. 조금만 노력하면 당신도 분명 좋은 강사가 될 수 있다.

앞서 언급한 실패에 가까웠던 나의 첫 강의 경험과 앞으로 소개할 방법들이 첫걸음을 내디딜 수 있는 용기의 불씨가 되어 당신의 성장에 조금이나마 도움이 될 수 있기를 진심으로 바란다.

'프로수강러'가 되자

강의를 해 본 경험이 전혀 없었던 나는 '벤치마킹'이 필요했다. 다른 강의에 직접 참여해 보고 배울 수만 있다면 어느 정도 감을 잡을 수 있을 것 같았다. 하지만 3년 전만 해도 온라인 강의 시장이 지금처럼 활성화되지 않은 시기였다. 코로나19로 인한 팬데믹으로 모두가 혼란에 빠져있었고 모두 익숙하지 않은 온라인 시장에서 허우적거리고 있었다. 지금은 누구나 손쉽게 사용하는 줌(Zoom)이나 구글 미트(Google Meet)도 아직은 생소할 때였기에 나에게 온라인 강의는 얼리어답터(Early Adopter)들만 범접할 수 있는 세계 같았다.

대부분의 오프라인 강의는 사회적 거리 두기로 인해 기약 없이 중단 또는 취소된 상태였고, 다른 강사들이 어떻게 강의를 하는지 직접 눈으로 보고 배우고 싶었던 나는 딱히 방법을 찾을 수가 없었다.
그나마 유튜브(Youtube)를 통해 이름만 들어도 알 수 있는 유명한 스타 강사들의 강의를 열심히 찾아보고 시청했지만, 그들은 이미 다른 차원의 사람들이었고, 이제 막 알을 깨고 나온 햇병아리인 내가 흉내 낼 엄두조차 나지 않을 말발과 스킬을 가지고 있었다.

그러나 지금은 시대가 달라졌다. 장기간의 팬데믹은 온라인 시장의 초고속 성장과 활성화에 큰 기여를 했고, '초보가 왕초보를 가르치는' 새로운 시대를 열었다. 요즘은 인터넷을 조금만 뒤져봐도 매우 다양한 분야의 전문가들뿐만 아니라 남들보다 조금 더 많이 아는 일반인들까지도 정기적으로 온라인 강의, 독서클럽, 소모임 등을 진행하고 있다. 가격대도 천차만별이다. 고가의 프로그램도 있지만 매우 합리적인 가격 또는 무료 프로그램까지 선택 옵션도 아주 다양하다.

이제는 내가 시간만 투자하면 원하는 시간과 공간에서 다른 강사들의 강의를 보며 벤치마킹할 수 있는 시대가 열린 것이다. 나는 아로마테라피 강의를 전문으로 하면서 자주 느끼는 것이 있다. 업계 사람들만 만나다 보니 늘 하던 이야기만 하게 된다는 것이다. 각자의 강의 레퍼토리와 사례들에 대해 이야기 나누다 보면 온 세상이 아로마테라피 이야기로만 가득 차는 것 같다. 그럴 때 나는 다른 분야의 강의를 찾아서 듣곤 한다. 이미 내가 가지고 있는 지식과 내가 모르는 새로운 분야의 지식이 결합되었을 때의 신선함은 내게 신선한 경험을 선물해 준다.

내용적으로 전혀 관심이 가지 않고 도움이 되지 않거나, 강의 팔이만을 목적으로 하는 알맹이 없는 강의가 아니라면 우선 다양한 분야의 온라인 강의를 찾아보고 수강해보길 추천한다. 다른 강사들의 장점을 배우고 나의 색깔을 찾아보는 시간이 될 수 있다. 잘 찾아보면 기버(Giver)의 마인드를 가진 괜찮은 강사들이 도움을 주기 위해 진행하는 재능 기부 형태의 무료 강의도 점점 많아지는 추세다. 물론 세상에 완전 공짜는 없듯 이런 무료 강의의 끝은 본인들의 제품 또는 유료 강의 홍보인 경우가 대부분이다. 하지만 그 홍보 스킬 또한 우리가 배울 점이 될 수 있기에 어느 정도 감안하고 내가 필요한 것만 듣고 배우는 것도 큰 도움이 될 수 있다. 구매와 결제는 각자의 선택인 만큼 신중하게 고민하고 결정할 것이라 믿는다.

이렇게 간단한 방법으로 다양한 분야의 강사들이 어떤 식으로 강의를 진행하는지, 오프닝에는 어떤 방식으로 처음 만나는 청중과 어색한 분위기를 무르익게 하고 공감대와 유대감을 형성하는지, 강의의 흐름은 어떤 식으로 진행되는지, 어떻게 청중을 몰입 시키고 소통하는지 등 많은 것을 배울 수 있는 매우 가성비 좋은 기회를 얻을 수 있다.

그뿐만 아니라 소위 말하는 핫(Hot)한 강의들은 퍼스널 브랜딩, SNS 채널 운영 및 콘텐츠 기획과 제작 방법, 글쓰기 방법 등 요즘 트렌드를 반영하는 내용들을 많이 다루고 있다. 이제 우리는 1인 브랜드가 되어야 살아남을 수 있는 시대를 살아가고 있다. 브랜딩을 통한 차별화가 필수인 요즘, 이런 강의는 강사의 스킬뿐만 아니라 퍼스널브랜딩의 노하우까지 동시에 배울 수 있는 일거양득의 기회가 아닐 수 없다.

이제 막 시작하고 성장하는 강사들의 강의에서도 배울 점은 많다. 그들은 이미 용기를 내 도전하고 시작한 사람들이 아닌가? 얼마 전까지만 해도 직장인, 주부였던 평범한 사람들의 순수한 도전과 성장 과정을 지켜보면서 나도 초심을 잃지 않고 지식만이 아닌 가치를 전달하며 소통하고 공감하는 좋은 강사가 되리라고 다시 한번 다짐하게 된다. 그리고 이런 강의들을 통해 생각지도 못한 좋은 인연들도 만나게 되는 행운이 찾아오기도 한다.

자기 계발과 지식을 쌓기 위해 온갖 강의를 다 찾아 듣는 사람을 요즘 신조어로 '프로수강러'라고 한다. 때로는 수강만 하고 실천하지 않는 사람을 가리키는 말로 쓰이기도 하지만 지금만큼은 단어의 긍정적인 부분만 생각해 주길 바란다.

우리의 목표는 가치 있는 교육을 하는 좋은 강사다. 하지만 하루아침에 우리가 좋은 강사가 되는 것은 매우 어려운 일이다. 좋은 강사가 되기 전에 먼저 좋은 강사와 강의를 분별하는 안목을 키우고 나만의 강의 스타일을 찾기 위해 다양한 시도를 해보는 과정이 꼭 필요하다.

좋은 강사로 성장하기 위해 우리는 기꺼이 '프로수강러'가 되어 볼 필요가 있지 않을까?

가족은 최고의 수강생이다

앞서 언급한 나의 첫 번째 강의가 실패로 끝난 후, 나는 연습만이 살 길이라는 생각이 들었다. 또 다른 수강생들을 만났을 때 같은 실수를 반복하는 것은 상상조차 하기 싫었다. 하지만 앞에서도 말했듯이 그 때는 코로나19로 인해 다른 강의에 참여해 직접 보고 배울 수 있는 기회가 흔치 않았다. 그때 누군가 나에게 해줬던 조언이 생각났다.

"강의는 자꾸 해봐야 늘어요. 인형이라도 앞에 앉혀 놓고 수강생이라 생각하고 연습해 보세요."

나는 딸아이의 애착 인형을 앞에 앉혀 놓고 강의 연습을 해 보았다. 호응도 대답도 없는 인형을 바라보며 열심히 강의 연습을 하던 나는 갑자기 자신감이 없어지고 불안감이 스멀스멀 올라왔다. 강의를 하다 보면 중간에 질문이 나올 수도 있고 돌발 상황이 생길 수도 있을 텐데 인형은 내가 무슨 말을 하던 같은 표정과 자세로 그 자리를 묵묵히 지키고 있었다. 강의를 듣고 피드백을 줄 수 있는 사람이 없으니 답답했다. '이렇게라도 연습하는 것이 당연히 필요하겠지만 조금 더 효과적인 방법은 없을까?' 고민하던 중 인형보다 더 좋은 수강생이 떠올랐다. 바로 남편이었다.

남편은 나에게 한없이 자상하고 다정한 사람이지만 대화를 할 때면 가끔 AI처럼 냉철한 피드백을 주는 사람이다. 나는 응원과 위로를 바라며 속마음을 털어놓으면 남편은 내가 하는 말을 통해 상황을 철저하게 분석하고 마치 기계처럼 해결책을 내놓을 때가 많았다. 그 부분이 늘 서운하고 속상했지만 강의 연습에 있어서만큼은 남편의 그 능력이 매우 필요했다.

나는 남편에게 퇴근 후 잠시 시간을 내달라고 부탁하고 아이를 재운 뒤 남편을 앞에 앉혀 놓고 준비한 강의 연습을 시작했다. 내가 집에서 아로마테라피를 즐기는 모습을 늘 지켜봐왔지만 아로마테라피에 대한 전문 지식은 거의 없었던 남편은 약 30분가량 나의 강의를 듣다가 이렇게 말했다.
"자기야, 미안한데 무슨 소리인지 하나도 모르겠어. 내용이 너무 어려워."
AI처럼 철저하게 분석된 피드백을 기다렸던 나는 그 한마디에 조금은 실망할 수 밖에 없었다. 어떤 부분이 어렵냐고 물어보자 남편은 아로마테라피를 잘 모르는 사람이 이해하기 어려운 전문 용어들과 지식 전달에만 중점을 둔 내용이 공감도 잘되지 않고 이해하기가 벅차다고 말했다.

그 말을 듣고 잘 생각해보니 나는 강의 경험이 없는 것을 감추고 싶어서 내용을 더 전문가스럽게 포장하기 위해 노력했던 것 같다. 누구나 알아듣기 쉽지 않은 전문 용어를 남발하고 더 많은 지식을 꾹꾹 눌러 담으려 했다. 하지만 나의 강의 목표는 아로마테라피를 아직 접해 보지 못한 사람들이 아로마테라피의 매력을 느끼고 경험하고 싶게 만드는 것이었다. 하지만 아로마테라피의 역사와 에센셜 오일의 추출법을 장황하게 설명하고 발음하기도 어려운 화학 분자 이름을 줄줄이 읊어댔으니 벅찰 만도 했다. 이 모든 내용은 아로마테라피와 에센셜 오일과 친숙해진 후에 알려줘도 충분했을 것이다.

나는 남편의 피드백을 통해 가장 중요한 것을 깨달을 수 있었다. 나의 강의에는 대상이 알아들을 수 있는 언어와 그들이 공감할 만한 사례들이 빠져 있다는 사실이다. 강의는 내가 아는 것을 나의 언어로 설명하는 일방적인 지식 전달이 되어서는 안 된다. 청중의 눈높이에서 그들이 원하고 그들에게 도움이 되는 지식을 알아들을 수 있게 전달해야 하며 그들이 공감할 수 있어야 한다.

어느 유명한 인지 심리학자가 강연에서 이런 말을 한 적이 있다. "전교 1등이 질문을 받았을 때 전교 2등에게도 설명해 줄 수 있고, 전교 꼴찌에게도 설명해 줄 수 있을 때 진정한 '앎'이라고 한다." 내가 아는 것에 대해 전혀 모르는 사람이 알아들을 수 있도록 설명하고 공감을 이끌어 낼 수 있어야 정말 좋은 강사가 아닐까?

　　그 이후부터 나는 어떻게 하면 아로마테라피를 더 쉽게 전할 수 있을까 고민하며 많은 이들이 공감할 수 있을만한 나의 경험과 주변의 사례들을 전달하기 위해 노력했다. 물론 남편도 나의 강의 연습을 열심히 들어준 결과 지금은 에센셜 오일을 나만큼이나 잘 활용하고 있다.

　　냉철한 피드백을 줄 수 있는 사람은 강의력 성장을 위한 최고의 수강생이다. 나의 경우에는 그 대상이 남편이었지만 누군가에게는 부모님이나 동생이 될 수도 있고, 친구 또는 연인이 될 수도 있다. 다만 내 강의를 정말 객관적인 시선으로 평가해 줄 수 있는 사람을 대상으로 연습해 보는 것을 추천한다. 내가 뭘 해도 좋은 말만 해주거나 나의 말을 잘 경청해 주지 않는 사람은 객관적인 평가를 해주지 못하는 경우가 많기 때문이다.

　　그리고 정말 중요한 것은 피드백에 상처받지 않는 것이다. 실전에서는 쓴소리보다 더 무서운 외면이 우리를 기다리고 있을 수도 있다. 나의 발전을 위해 쓴소리도 잘 삼켜서 소화 시키고 성장을 위한 영양분으로 받아드릴 수 있어야 한다.

진정한 기버(Giver)의 마인드로 임하자

요즘 온라인상에서 화제가 되고 있는 기버(Giver)와 매처(Matcher), 테이커(Taker)에 대한 이야기를 들어본 적이 있는가?

기버와 매처, 테이커의 개념은 미국의 조직심리학 교수이자 기브 앤 테이크의 저자인 애덤 그랜트가 TED 강의에서 언급했던 개념이다. 간단하게 설명하면 기버는 타인의 이익을 위해 행동하며 선한 영향력을 펼치는 사람이다. 대단한 희생을 필요로 하는 것이 아니라 누군가를 돕기 위해 내가 가진 지식을 아낌없이 나누거나 조언, 카운셀링 등을 통해 조건 없이 그들의 성장을 바란다. 매처는 딱 받은 만큼만 주는 사람이다. 전형적인 기브 앤 테이크의 균형을 이루고자 노력하는 유형으로 많은 사람들이 이 성향을 가지고 있다고 한다. 도움을 받으면 은혜를 갚고 싶고, 누군가에게 선물을 하면 나중에 보답받고 싶어 하는 마음이 든다면 매처의 성향을 가지고 있는 것이다. 마지막으로 테이커는 자신의 이익만을 챙기는 사람이다. 주는 것 없이 남들이 주는 정보나 지식만 조용히 빼먹거나 나에게 더 큰 이익이 있을 때에만 전략적으로 남을 돕는 사람들이다.

이 개념이 요즘 주목받는 이유는 무엇일까? 코로나19로 온라인 시장이 급격하게 성장하고 사회의 변화로 인해 평생직장의 개념이 점점 사라지면서 1인 브랜드가 늘어나고 있는 추세다. 인플루언서, 크리에이터, 프리랜서로 활동하는 사람들 모두 '나'를 브랜딩 하기 위해 많은 시간과 노력을 투자한다. 내가 브랜드가 되려면 당연히 나를 신뢰하는 고객이 있어야 하기 때문에 잠재 고객을 모으기 위해서 모두들 기버가 되기 위해 노력한다. 제품을 무료로 나눠주고, 서비스를 무료로 체험하게 해주고 본인이 가진 지식을 아낌없이 나눠준다.

　　강의 업계도 별반 다르지 않다. 각 분야에 꽤 인지도가 높은 강사들도 도움을 주기 위한 순수한 마음으로 양질의 콘텐츠를 담은 강의를 무료로 열기도 한다. 그들은 이런 무료 강의를 통해 선한 영향력을 펼치며 자신의 전문성과 가치를 많은 사람들에게 입증 시켜 신뢰를 얻고, 본인의 브랜드를 확고하게 자리매김시키며, 잠재 고객의 데이터베이스를 구축하는 등의 이익까지 자동으로 따라오게 만든다. 그리고 무료 강의의 내용이 정말 좋았다면 청중은 대부분 이렇게 생각하기 마련이다. '무료 강의가 이 정도면 유료 강의는 도대체 얼마나 더 좋다는 거야?'

　　실제로 나도 얼마 전 퍼스널 브랜딩과 글쓰기에 대한 무료 강의를 수강한 적이 있다. 이름만 대도 알만한 기업의 브랜딩과 SNS 채널의 콘텐츠를 기획하는 강사는 업계에서 꽤 유명한 인플루언서였다. 이런 강사가 무료 강의를 연다는 소식에 여러 관련 커뮤니티들이 들썩였고 줌(Zoom)으로 진행된 온라인 실시간 강의에는 무려 500명이 넘게 참여했다.
나도 워낙 여러 무료 강의를 들어봤고 그 중에서는 정말 양질의 콘텐츠를 담은 강의들도 있었지만 그날의 강의는 내가 여태 수강했던 무료 강의 중에 단연 최고였다. 그리고 얼마 후 강사는 유료 강의를 진행한다는 소식을 전했다. 매우 합리적인 가격에 고퀄리티의 커리큘럼을 공개했고 당연히 참여했던 500명 중 나를 포함한 절반 이상이 고민 없이 유료 강의를 결제했다.

　　반대로 기버 행세를 하는 강사도 있었다. 정확히 말하면 전략적인 테이커에 가까웠다. 무료 강의를 진행한다면서 엄청난 정보를 제공할 것처럼 홍보했지만 막상 참여해 보니 어디서나 들을법한 수박 겉핥기 식의 내용들로 가득했다. 그리고 강의의 끝은 엄청난 가격의 유료 강의와 1:1 코칭권 판매 홍보였다. 결과는 불 보듯 뻔했다.

　　이렇게 기버와 전략적 테이커들이 넘치는 시대에 우리는 진정한 기버가 되어야 한다. 무엇부터 시작해야 할지 모르겠고 막막하다면 우선 무료 강의를 통해 나의 경험과 지식을 나누고 도움을 주고자 하는 마음으로 실전에 부딪혀 보는 것을 추천한다. 무료 강의는 진입 장벽이 없기 때문에 누구나 부담 없이 신청할 수 있어서 많은 사람을 모객할 수 있고 청중은 투자금액이 없기 때문에 강의 진행 도중 작은 실수가 발생하더라도 부드럽게 이해하고 가볍게 넘기는 편이다. 물론 돈을 투자하지는 않았지만 시간을 투자해 참여했기 때문에 강의의 퀄리티가 형편 없거나 너무 잦은 실수로 청중의 만족도가 낮아진다면 다시는 나의 강의를 들으러 오지 않을 가능성이 높고 이미지 또한 실추되기 때문에 각별히 주의해야 한다.

　　이렇게 내게 주어진 시간의 일부를 활용하여 무료 강의를 열고 내가 줄 수 있는 것 이상을 담아서 전달해야 한다. 항상 100%가 아닌 120%를 제공하는 것이 성공의 법칙이라고 하는데 여기서 120%는 정보의 양을 뜻하는 것이 아니라 정보의 질을 이야기하는 것이다. 청중에게 도움이 되고 그들의 고민과 문제를 해결해 줄 수 있는 양질의 콘텐츠를 강의에 녹이고 진심을 다해 전하면 그 진심은 틀림없이 전달된다.

　　당장 수익을 얻고 싶어서 유료 강의를 열더라도 나의 인지도가 높지 않고 내 브랜드의 입지가 확고하지 않으면 청중은 모이지 않는다. 지속적으로 무료 강의를 열고 나의 가치를 입증 시키면 강의를 계속 듣고 싶어 하는 사람들이 점점 모이고 팬층이 형성된다. 그때부터 합리적인 가격의 유료 강의를 열고 양질의 콘텐츠를 담으면 분명 좋은 결과가 있을 것이라 확신한다.

눈 맞추고, 대화하고, 공감하자

　요즘의 소통하는 강의 트렌드가 자리 잡기 전까지만 해도 강의는 강사가 청중 또는 수강생에게 지식을 전달하는 것이라는 인식이 강한 편이었다. 내가 대학생 시절 수강했던 강의들을 떠올려보면 강사는 준비한 강의 내용을 열심히 설명하며 학생들을 가르치는데 집중했고, 학생들은 중요한 내용을 놓칠세라 열심히 필기하며 고개를 끄덕이다가 강의가 끝났다. 하지만 요즘 트렌드는 많이 변화하고 있다. 이제는 강사가 일방적으로 설명하며 지식을 전달하고 청중과 상호작용이 이뤄지지 않는 강의는 많은 사람들의 선택을 받지 못하는 것이 현실이다. 이름만 들어도 알만한 유명 스타 강사들의 강의를 잘 살펴보면 청중이 무엇을 원하는지 그 답을 찾을 수 있다. 그들은 끊임없이 청중과 '소통'한다. 이론 설명보다는 모두가 공감할 만한 사례들을 통해 본인들의 메시지를 전달하고, 청중에게 지속적으로 질문을 던지고, 청중이 자신의 이야기를 펼칠 수 있는 기회를 제공한다.

　앞서 언급했던 3년 전 나의 첫 강의가 결국 실패로 끝날 수밖에 없었던 이유도 결국 가장 중요한 핵심인 '소통'이 빠져 있었기 때문이라고 생각한다. 이 부분은 특히 초보 강사라면 대부분 실수하는 부분이 아닐까 싶다. 인간은 본질적으로 사회적 관계를 맺고 타인에게 인정받고, 공감받기를 희망한다는 것을 우리는 절대 잊지 말아야 한다. 이 세상 어느 누구도 일방적으로 타인의 이야기만 들어주는 것을 좋아하는 사람은 없을 것이다. 내가 청중의 입장이 되어서 생각해 보자. 아무리 관심 있는 분야의 강의를 듣고 있다고 해도 강사가 계속 이론적인 설명만 늘어놓거나 우리가 듣고 싶은 이야기보다 자기가 하고 싶은 이야기만 한다면 그 강의가 매우 지루하고 따분하지 않겠는가? 반대로 우리가 공감할 만한 여러 사례들을 들려주고, 나와 대화하듯이 강의를 이끌어 나가며 나와 눈을 맞춰주고(물론 많은 인원이 참여하는 강의해서는 어렵겠지만), 질문할 수 있는 기회 또는 강의 주제에 대한 나의 생각이나 경험을 이야기할 수 있는 기회를 준다면 그 강의가 어떤 기억으로 남을지 한번 생각해 보길 바란다.

      코로나19로 인해 학교 수업이 비대면으로 전환되었을 때 많은 아이들이 학습능력에 지장을 받았다고 한다. 특히, 초등학생들은 선생님, 같은 반 학생들과 소통하고 교류하며 첫 사회생활을 배우게 되는데 비대면 수업이 지속되면서 이야기 나눌 기회가 줄어들다 보니 타인과 상호작용을 하고 사회적 관계를 맺는 것이 점점 어색하고 어려워졌기 때문이다. 선생님들 또한 아이들과의 소통이 원활하지 못하니 아이들이 수업을 잘 이해하고 있는지, 잘 참여하고 있는지 파악하기가 어렵고 아이들을 지도하는데 있어 매우 제한적이었다.

      어른들의 상황도 크게 다르지 않다. 비대면 강의가 많아지면서 온라인 강의를 틀어놓고 업무 또는 집안일 등 다른 일을 하면서 강의를 듣는 경우가 적지 않다. 대면 강의처럼 집중해야 하는 환경이 아니기도 하고 활발한 상호작용이 이뤄지지 않기 때문에 자연스럽게 다른 일을 병행하게 되는 것이다. 인간의 뇌는 동시에 여러 가지 일을 처리할 수 있도록 설계되지 않았기 때문에 이렇게 강의를 들으면 몰입하기 어렵고 무엇을 듣고 배웠는지 머릿속에 잘 남지도 않는다.

      코로나19로 인한 규제가 풀리면서 대면 강의가 다시 활성화되고 있지만 공간과 시간의 제약이 없는 비대면 강의의 수요 또한 적지 않기 때문에 우리는 강의의 형태와 상관없이 어떻게 청중과 소통할 것인지, 어떻게 청중의 집중력을 최대치로 끌어올릴 것인지 끊임없이 고민해야 한다.
지금부터 내가 그동안 강의를 진행하면서 경험한 효과적인 팁(Tip)들을 소개하고자 한다.

1. 강의 시작 전 가벼운 대화를 나누며 어색한 분위기를 전환시킨다.

예전에는 많은 강사들이 어색한 분위기를 누그러뜨리기 위해 가벼운 레크리에이션이나 게임을 진행하는 경우가 많았다. 하지만 나는 성향 자체가 재미있는 사람도 아닐뿐더러 초보 강사 시절에는 수강생이 몇 명 되지 않았기 때문에 그런 식으로 분위기를 띄울 엄두조차 나지 않았다. 그래서 강의 시작 전 나를 소개하고 오늘의 주제가 무엇인지 간략하게 설명한 뒤, 바로 본 강의를 시작하곤 했다. 강의를 들으러 온 수강생들은 대부분 서로 일면식도 없는 사이인 경우가 많고 강사인 나와도 초면이니 아마 모든 게 낯설고 어색했을 것이다. 그런데 강사가 그런 어색한 분위기를 무르익게 하려는 노력도 하지 않으니 강의가 진행되는 내내 딱딱한 분위기가 이어지는 것은 당연했고 질문을 던져도 선뜻 대답하려는 사람이 없었다.

한동안 나는 어떻게 하면 딱딱한 강의 분위기를 좀 더 화기애애하게 만들 수 있을까 고민했다. 그러다 오프닝 때 가볍고 편안한 주제로 스몰토크(Small talk)를 나누면 서로 공감대가 형성되며 어색한 분위기가 전환된다는 선배 강사의 이야기를 듣고 바로 적용해 보았다. 결과는 생각보다 더 효과적이었다.

강의 주제와 연결되는 내용이면 더 좋겠지만 꼭 그렇지 않더라도 서로 부담 없이 나눌 수 있는 대화가 주는 파급력은 생각보다 강력하다. 오늘 날씨에 대한 이야기, 강의장까지 어떻게 왔는지, 왜 이 강의를 신청하게 됐는지, 혹은 청중의 대부분이 육아맘이라면 아이는 누구에게 맡기고 왔는지 등 나눌 수 있는 이야기는 무궁무진하다. 이렇게 가볍지만 같은 주제를 가지고 서로 이야기를 나누다 보면 공감대가 형성되고 알 수 없는 동질감이 생기기도 한다. 이때 강사가 자기 이야기만 구구절절 늘어놓는다면 분위기는 더 딱딱해질 수 있다. 중요한 것은 강사가 대화를 나눌 수 있는 주제를 던지고 참여자들과 함께 이야기를 나누며 어색함을 떨쳐내는 것이 목적이라는 것을 명심하자.

2. 사전 설문 또는 만족도 조사를 통해 청중이 원하는 것을 파악한다.

요즘은 온라인 플랫폼을 통해 설문조사를 하는 것이 매우 쉬워졌다. 내가 원하는 질문과 옵션들을 설정하고 링크를 생성한 후 SNS 채널이나 온라인 커뮤니티에 게시 후 참여를 유도하면 빠른 시간 내에 결과를 받아볼 수 있다. 이런 도구들을 활용하면 사전 설문 조사를 통해 청중의 취향을 파악하거나 강의에서 듣고 싶은 내용이 무엇인지 알아볼 수도 있고, 강의 후 만족도 조사를 진행해 청중의 피드백을 받아볼 수도 있다.

이런 사전 설문 조사나 만족도 조사 또한 청중과 소통할 수 있는 아주 효과적인 도구라고 생각한다. 심지어 비용이 거의 들지도 않는다. 구글 폼이나 네이버 폼 등을 활용해서 간단한 설문지를 작성하고 배포하면 된다. 적극적인 참여 유도를 위해 추첨을 통한 작은 기프티콘 선물도 좋은 방법이 될 수 있다. 이렇게 조사를 하는 것만으로도 강사가 청중의 의견에 많은 관심을 가지고 있다는 것을 어필할 수 있을 뿐만 아니라 청중의 의견을 적극 수렴하여 반영하면 존중 받고 있는 느낌까지 들게 할 것이다.

3. 눈을 자주 맞추고 관심을 표현한다.

눈 맞춤은 비언어적 의사소통 중 가장 강력한 수단이다. 활짝 웃는 미소와 함께 잠시 동안 눈을 맞추면 우리 몸에서는 사랑의 호르몬인 페닐에틸아민을 솟구치게 한다. 말을 하지 못하는 아기와 엄마가 서로 눈을 맞추고 교감하며 사랑을 느끼는 것이 바로 이 때문이다.

나의 이야기를 듣기 위해 강의장까지 와준 한 명, 한 명과 눈을 맞추는 것만으로도 처음 만나 서먹서먹할 수도 있는 사이가 좀 더 가까워지고 고마운 마음을 전달할 수 있다. 청중의 수가 많은 경우 모두와 일일이 눈을 맞출 수 없겠지만 적어도 내 눈길이 닿을 수 있는 곳까지는 최대한 많은 사람들과 눈을 맞추려고 노력하는 편이다. 그리고 눈길이 마주친 사람에게 관심을 표현할 수 있는 짧은 멘트를 던지면 대부분 환한 미소로 화답한다. 이때 너무 부담스러운 멘트보다는 약간의 유머를 곁들인 가벼운 멘트가 분위기를 화기애애하게 만드는데 더 도움이 된다.

나는 비대면 강의에서도 카메라를 켜고 입장하는 것을 규칙으로 삼고 있다. 물론 카메라를 켜기 어려운 상황은 어쩔 수 없겠지만 비대면 강의는 대면 강의보다 집중력이 더 떨어질 수 있기 때문에 카메라를 통한 간접적인 눈맞춤마저 없으면 삭막한 분위기 속에서 강의를 진행해야 하는 경우가 많다. PC와 휴대폰으로 온라인 라이브 강의 플랫폼에 동시에 접속한 후 PC 화면에 모든 참여자들의 얼굴을 띄워놓고 휴대폰을 통해 나의 강의를 송출하면 실시간으로 참여자들의 얼굴을 볼 수 있기 때문에 대면 강의만큼이나 활발한 소통을 할 수 있다.

4. 이론적 설명과 질의응답 또는 소통하는 시간의 비율을 적절하게 조절한다.

처음 강의를 준비할 때는 주어진 시간의 90%를 강의 내용으로 가득 채우고 마지막 10% 정도를 질의응답하는 시간으로 활용했다. 질문이 안 나올 수도 있고, 혹시나 내가 답변하기 어려운 질문이 나올까 두렵기도 했기 때문에 모든 돌발 상황에 대응할 수 있도록 하기 위함이었다. 하지만 이런 방법은 철저히 나의 이기적인 생각이라는 것을 깨달았다. 질의응답 시간이 짧다 보니 상황에 따라 궁금한 부분을 시원하게 해결하지 못하고 돌아가는 사람들이 생기거나 또는 예상보다 많은 질문을 다 대답하다가 예정된 강의시간을 훌쩍 넘겨 시간을 지키지 못하는 일들이 종종 생겼다. 이런 상황이 자주 발생하면 당연히 강사는 프로다워 보일 수 없다.

　나는 이런 상황에 대비하기 위해 앞서 언급한 사전 설문 조사를 통해 강의 주제와 관련 평소에 궁금했던 점에 대한 질문을 먼저 수집해 질의응답을 채울 분량을 미리 확보하고, 대면 강의의 경우에는 강의 시작 전 메모지를 한 장씩 나눠주며 강의를 듣는 동안 떠오르는 질문을 적어서 질의응답 시간에 제출하도록 유도한다. 비대면 강의인 경우에는 채팅창에 질문을 남겨놓도록 해도 좋다. 이렇게 하면 청중이 무엇을 알고 싶어 하는지 미리 파악해서 답변을 준비할 수 있기 때문에 매우 효과적이다. 꼭 질의응답이 아니더라도 청중의 피드백을 들어볼 수 있는 시간으로 채워도 좋다. 강의를 듣고 느낀 점이나 앞으로 어떤 주제를 다뤘으면 하는지에 대해 짧은 인터뷰를 진행하는 것도 좋은 방법이 될 수 있다.

　이 밖에도 본인만의 장점을 살려 청중과 깊게 소통하는 강의를 이끌어 나간다면 당신의 강의가 청중에게 매우 특별하고 소중한 시간과 경험이 될 것이라고 믿어 의심치 않는다.

완급 조절은 필수다

드라마나 영화, 책을 봐도 늘 기승전결이 있다. 어떤 이야기가 시작되고 진행되다가 클라이맥스에 다다르고 이야기는 결말을 맺게 된다. 이런 기승전결이 없다면 내용이 밋밋해지고 지루해져서 끝까지 집중하기가 힘들 것이다. 우리의 하루 일과를 누구에게 설명한다고 생각해 보자. 아침에 눈을 뜨는 순간부터 다시 잠자리에 들기까지 일어나는 일들을 순차적으로 나열하며 무미건조하게 설명하면 그 누구도 귀 기울이지 않을 것이다. 하지만 머릿속으로 상상할 수 있도록 스토리텔링을 하듯 이야기를 들려주고 그때 느꼈던 감정을 전달한다면 듣는 이의 반응은 분명 달라질 것이다. 강의도 마찬가지다. 청중의 호흡에 맞춰 몰입할 수 있는 하나의 스토리처럼 펼쳐져야 한다.

내가 초보 강사 시절 자주 했던 실수가 바로 강의 내용의 기승전결이 없었다는 것이다. 심지어 나는 평소에 말하는 속도가 빠른 편이다. 오프닝부터 끝날 때까지 쉬지 않고 이론만 주야장천 늘어놓으니 지금 생각해 보면 얼마나 지루하고 집중하기 힘들었을까 싶다. 심지어 매일 접하는 아로마테라피가 내게는 매우 친숙한 주제였지만 이제 막 입문하는 수강생들에게는 그 내용이 얼마나 낯설었을까?

강사로서 가끔 강의에 많은 내용을 담고 싶은 욕심이 들기도 한다. 나의 시간이 소중한 만큼 강의에 참여하는 모든 사람들의 시간이 소중하기에 1분 1초도 헛되이 보내고 싶지 않기 때문이다. 하지만 강사가 강의시간 내내 속사포처럼 많은 내용을 쏟아낸다고 청중의 만족도가 높아지지는 않는다. 알아두면 좋지만 꼭 기억할 필요 없는 내용은 빨리빨리 넘어가고, 강의 내용의 핵심은 조금 더 느린 호흡으로 공감할 만한 사례들을 곁들여 이해하기 쉽게 설명하는 것이 좋다. 강의 교안을 짤 때 스토리를 쓰 듯이 서론, 본론, 결론을 나누는 것도 좋은 방법이다. 서론이 길면 본론으로 들어가기 전에 이미 모두가 지치고 몰입도가 떨어질 수밖에 없다. 서론에 담을 내용은 짧고, 간결하게 설명하는 것이 좋으며 강의 주제에 대한 배경 설명과 강의의 목적, 강의 내용에서 다룰 전반적인 커리큘럼을 명확하게 안내한다면 본론에 대한 기대감이 높아질 것이다.

본론은 가장 많은 시간을 할애하는 부분으로 강의를 통해 전달하고자 하는 핵심 내용이 모두 들어가야 한다. 이때 속도와 호흡의 완급조절, 내용의 기승전결이 강의의 성공 여부를 결정한다 해도 과언이 아니다. 청중의 반응을 살피며 필요시에는 강의 내용과 관련된 퀴즈를 내거나 재미있고 흥미로운 사례들을 제시하며 분위기를 전환해야 할 때도 있다.

말의 속도도 중요하다. 너무 빠르지도 느리지도 않은 적절한 속도로 진행할 수 있도록 연습해야 하며 강조하고 싶은 단어나 문장은 조금 더 느리지만 힘을 실어 말하거나 말하기 전 잠깐 동안의 정적을 통해 청중의 몰입도를 끌어올리는 등의 강약 조절이 필요하다. 물론 이러한 스킬은 하루아침에 생기지는 않겠지만 꾸준히 연습하고 강의를 진행하다 보면 분명 노련하게 조절할 수 있는 노하우가 생기게 될 것이다.

마지막으로 결론에서는 강의 내용의 핵심 포인트를 짚어주며 정리하거나 내용과 관련된 영상 또는 임팩트를 줄 수 있는 퍼포먼스 등을 통해 본론의 가장 중요한 메시지를 각인시키는 시간을 갖는 것을 추천한다. 인간은 늘 처음보다 마지막 기억에 좌우된다고 한다. 시작이 조금 서툴렀다 하더라도 마무리가 인상 깊었다면 생각보다 더 좋은 기억으로 남게 될 것이다.

이렇게 늘 청중의 입장이 되어 그들이 즐기고 만족할 수 있는 강의를 준비할 수 있도록 끊임없이 노력하는 것이 좋은 강사가 될 수 있는 올바른 길이라고 생각한다. 강의도 청중을 위한 하나의 스토리라는 것을 늘 잊지 않기를 바란다.

다시 만나고 싶은 사람으로 기억되자

우리가 어떤 브랜드를 좋아하게 되는 이유는 브랜드가 제공하는 특정 경험이 우리에게 좋은 감정을 느끼게 하고 결국에는 좋은 이미지로 각인되기 때문이다. 내가 좋아하는 특정 브랜드를 머릿속에 떠올려보고 좋아하는 이유에 대해 한 번 생각해 보자. 우수한 제품력 때문일 수도 있고, 꼼꼼하고 신속한 서비스 때문일 수도 있고, 브랜드가 가지고 있는 가치관이나 신념이 마음에 들어서 일 수도 있고 매우 다양한 이유가 있을 것이다. 이렇게 브랜드가 제공하는 긍정적인 경험이 지속되면 우리는 브랜드에 대한 호감을 넘어 강력한 신뢰감을 느끼게 되고 어느새 팬이 된다. 특정 브랜드의 제품이 출시되면 새벽부터 줄을 서거나, 묻지도 따지지도 않고 사전 예약을 하는 행위가 바로 이 때문이다.

누누이 말하지만 강사도 1인 브랜드가 되어야 한다. 예전에는 강사들이 대부분 기관이나 학원, 회사 등에 소속되어 있었지만 요즘 이름만 대면 알만한 스타강사들은 이미 움직이는 1인 브랜드로 적극적인 활동을 펼치고 있다. 그들이 떴다 하면 짧은 시간 안에 전석이 매진되며 뜨거운 인기를 증명한다.

그뿐만이 아니다. 이미 하루에도 수많은 프리랜서 강사들이 탄생하고 있다. 이렇게 경쟁이 치열해지고 있다는 것은 시장이 성장하고 있다는 긍정적인 시그널이면서도 한편으로는 계속 안전지대에 머물며 안일하게 생각하면 언제든지 도태될 수 있다는 이야기다. 그 어떤 브랜드도 발전하지 않으면 소비자의 기억에서 잊혀 가기 마련이다. 강사도 마찬가지다. 늘 같은 레퍼토리의 강의를 반복하고 자기 계발을 하지 않으며 같은 자리에 머물기만 한다면 더 이상 내가 설자리는 없을 가능성이 크다.

우리는 늘 다시 만나고 싶은 사람이 되도록 노력해야 한다. 정해진 정답은 없지만 내가 늘 다시 만나고 싶고 강의소식을 들으면 고민하지 않고 바로 수강신청을 하는 강사님을 떠올려보니 늘 수강생을 돕고자 하는 마음과 진정성과 전문성이 담긴 강의내용, 수강생의 상황을 공감하고 그들과 소통하는 능력을 갖추신 분이라는 생각이 든다.

새로운 것을 지속적으로 배우려는 자세를 갖추고, 연습하고, 진정 도움을 주고자 하는 마음으로 베풀고, 적극적으로 소통하고, 늘 청중의 입장이 되어 생각한다면 분명 우리도 다시 만나고 싶은 사람이 되어 있지 않을까? 물론 처음부터 모든 능력을 갖추고 시작하기란 쉽지 않을 것이다. 또한 각자의 개성에 따라 추구하는 바가 다르기 때문에 결국엔 시도해 보고, 수정하는 과정을 통해 나만의 색깔을 찾아나가고 나와 결이 같은 사람들과 함께 호흡해 나가게 될 것이다.

늘 초심과 진정성을 잃지 않는다면 당신이 어떤 길을 선택해 걸어가든 최종 목적지에는 좋은 강사가 된 당신의 모습이 기다리고 있을 것이라 확신한다.

에필로그

'아직 부족한 점이 많은 내가 과연 강의 스킬에 대한 책을 써도 될까?'라는 고민을 참 많이 했다. 하지만 책을 집필하기로 결심한 이유는 나처럼 고민하고 있을 많은 사람들에게 용기를 주고 싶었기 때문이다.

나는 너무나 평범한 사람이었고 늘 용기가 부족했다. 도전 앞에서는 회피를 선택했다. 그런데 아이가 태어나고 엄마가 되고 나서부터는 몸도 마음도 건강한 엄마, 행복한 엄마가 되고 싶어서 끊임없이 용기내고 도전하게 되는 것 같다. 덕분에 아로마테라피로 많은 사람들에게 도움을 주고 강의도 하며 꿈과 목표가 생겼다. 그리고 그 꿈과 목표를 이루기 위해 천천히 앞으로 나아가고 있다.

앞서 소개한 강의 스킬들은 그저 평범한 아이 엄마였던 내가 좋은 강사, 성장하는 강사, 다시 만나고 싶은 강사가 되고 싶어서 끊임없이 고민하고, 시도해 보고, 실패하고, 다시 일어서며 배우고 터득한 결과물이다.

평범함은 걸림돌이 될 것 같지만 조금만 관점을 바꾸면 여러 가지 색깔을 담을 수 있는 큰 그릇이라는 이야기다. 뚜렷하고 강렬한 색깔에 다른 색을 섞으면 큰 변화가 느껴지지 않지만 무채색 또는 연한 색깔에 다른 색을 섞으면 그 변화가 눈에 띌 정도로 보인다.

가장 중요한 것은 시작하고자 하는 마음과 의지다. 이 책을 집어 들어 읽고 있는 당신은 분명 좋은 강사가 되어 좋은 강의를 하고 싶은 마음이 크기 때문일 것이다. 그 마음가짐을 잃지 않고 매일매일 꾸준히 한 발자국씩 앞으로 걸어 나간다면 분명 많은 이들에게 좋은 강사, 다시 만나고 싶은 강사로 각인될 것이다. 지금까지 나의 이야기를 끝까지 들어준 모든 이에게 진심으로 응원의 메시지와 감사의 마음을 전한다.

저자 소개
이알리시아 | 누구나 좋은 강사가 될 수 있다.

아로마테라피, 감정코칭, 마음챙김

Buenos Aires대학교 시각디자인과 전공
나다운 삶 찾기 〈에센셜리〉 대표
브랜딩 컨설턴트 & 디자이너
아로마테라피 강사
그림책 감정코칭 지도사
마음챙김 코치

이메일 essentially.kr@gmail.com
인스타그램 essentially_sia, grimbook_mom

    그래픽 디자이너, 아로마테라피스트, 그림책 감정코칭지도사로 어린이부터 성인까지 향기와 그림책, 미술을 통해 건강한 내면을 가꿀 수 있도록 다양한 교육을 진행하고 있다. '건강한 부모가 건강한 아이를 키운다.'는 철학으로 엄마들의 성장형 커뮤니티 〈Essentially 에센셜리〉를 통해 퍼스널브랜딩, 아로마테라피, 감정코칭 등의 자기계발 강의를 활발하게 진행하고 있다.

    아르헨티나 부에노스 아이레스 대학에서 그래픽 디자인을 전공하고 콜롬비아, 에콰도르 등 중남미 여러나라를 돌아다니며 여행사, 신문사, 스페인어 과외 등 다양한 분야를 경험하다가 삼성전자 해외법인 마케팅 부서에 입사해 평범한 회사원으로 살아왔다.

    엄마가 되면서 처음으로 '경단녀'가 되어보고 여러가지 변화와 실패를 겪으며 엄마가 행복해야 아이도 행복하게 자랄 수 있다는 생각에 확신이 들어 만들게 된 엄마들의 성장형 커뮤니티 〈에센셜리〉와 함께 꿈을 가진 다양한 엄마들과 활발하게 소통하며 나를 포함한 많은 엄마들이 꿈을 이룰 수 있도록 돕고 싶다.

금융경제교육 강의 스킬

임주은

강사 데뷔를 위한 준비 스킬: 강의 분야 찾기
쉽고, 재미있게 지식을 전달하는 고급스킬: 나만의 특별한 콘텐츠 개발
강사의 경험은 최고의 재료가 된다
강의가 필요한 본질적인 이유를 녹여내자
교육 시장에서 인기 강사로 살아남기
강의 스킬업(Skill Up)의 마지막 단계: 돈 잘 버는 강사 되기

강사 데뷔를 위한 준비 스킬: 강의 분야 찾기

'나는 왜 금융·경제교육 전문 강사가 되기로 했을까?' 현재 금융 및 경제교육 분야에서 활발하게 활동하고 있지만, 스스로에게 본질적인 질문을 던져 본 것은 이번이 처음이다.

강의의 영역은 매우 다양하기 때문에 다방면으로 활동하는 강사가 될 수도 있지만, 강사라는 직업으로 성공하고 싶고, 제대로 된 브랜딩을 하고 싶다면 나에게 가장 잘 맞고, 누구보다도 가장 잘 할 수 있는 강의 분야를 찾아야 한다.

정말 맛있는 맛집을 방문해 보면 메뉴가 다양하지 않다는 것을 알 수 있다. 제일 자신 있는 음식으로 승부를 보는 것이다. 그렇다 보니, 가게를 운영하는 분의 장인 정신과 열정이 음식에 고스란히 담길 수 밖에 없다.

강사도 마찬가지다. 그래서 나 또한, 전국에서 가장 '금융·경제교육'을 참 잘하는 맛집이 되었다. 이 분야의 전문 강사로 자리를 잡은 것이다.

그렇다면 금융·경제교육 강사는 어떤 강의를 해야 할까?

금융·경제교육 강사는 해당 분야에 대한 넓은 지식과 경험을 바탕으로 청소년, 사회초년생, 중장년, 시니어, 장애인 등 다양한 계층을 대상으로 금융과 경제 관련 정보 교육을 제공하는 전문가다. 또한, 주식, 채권, 투자, 자산관리 등 우리가 정규 교육 과정에서는 배우지 못했지만, 살아가는데 꼭 필요한 금융·경제 분야의 기본적인 개념을 교육하며, 금융소비자들이 직면하는 다양한 문제를 스스로 해결할 수 있는 힘을 키울 수 있도록 도움을 주는 역할을 한다. 즉, 돈을 잘 벌고, 잘 모으고, 잘 굴리고, 잘 지키는 방법을 교육하는 것이 바로 금융·경제교육이다.

하지만 초보 강사라면 바로 전문 분야를 선택하기 어려울 수 있으므로, 어떤 주제의 강의를 가장 잘 할 수 있을 것인지 직접 경험해 보며, 충분히 탐색 및 선택하는 과정을 거쳐야 한다.

이 과정에서 다음의 세 가지를 생각해 봐야 한다.
첫째, 내가 강의를 듣거나 공부를 하기에 가장 재미있는 분야가 무엇인가?
강사는 강의를 진행하는 사람이지만 반대로 강의를 많이 들어야 하는 사람이기도 하다. 해당 분야에 대한 지식을 계속해서 쌓아나가야 하기 때문에 꾸준히 공부를 해야 하는 것이다. 하지만 본인이 공부했을 때 지루하고, 하기 싫은 주제라면 그 분야의 강사로 일하는 것 자체가 고통이 될 수 있다. 그러면 이 일을 지속하기도 어렵고, 즐겁게 일할 수 없다는 것은 자명한 사실이다. 그러므로 본인 스스로가 관심이 많고 재미있는 분야, 즐길 수 있는 주제를 찾아야 한다.

둘째, 스스로를 성장시킬 수 있는 분야인가?
강사라는 직업이 좋은 이유는 많지만 그중에 최고는 이 직업을 통해 스스로가 성장할 수 있다는 점이다. 특히 나의 경우는 실용적인 학문에 관심이 매우 많았는데, 그런 부분에 있어서 '금융·경제'라는 분야는 생활에 밀접하고, 투자나 재테크에 대한 상식과 지식이 깊어지기 때문에 나와 굉장히 맞는 분야이자, 강의를 준비하면서도 매번 배우고 있는 분야이다. 강의를 통해 가장 큰 도움을 받는 것은 '나 스스로'라는 생각을 하게 할 정도이다.
지금은 강의를 통해 스스로를 성장시키고 있으며, 별도의 시간을 할애하지 않더라도 지식을 흡수해 가며 전문가로서 성장할 수 있게 되었다.

셋째, 나의 경험을 잘 살릴 수 있는 분야인가?
자신이 살아온 경험을 녹여낸 강의가 교육생의 공감을 가장 잘 이끌어 낼 수 있다. 그러므로, 본인의 경험과 접점이 있는 주제를 찾아야 한다. 예를 들어 나의 경우, 법학을 전공했고, 교육 회사와 은행에서 일한 경험이 있었다. 법학 전공과 은행은 연관성이 없어 보일 수 있지만, 실제로 은행에는 법학 전공자들이 많으며, 금융 자격증을 취득하기 위해 공부해야 하는 과목에는 법학 과목들이 많은 것이 사실이다.

또한, 은행에서 일했기 때문에 당연히 퇴사 후 금융경제교육 강사가 된 것이 아니냐고 생각할 수도 있지만, 반대로 금융경제교육 강사로 활동하고 있었기 때문에 그것을 바탕으로 은행에서 경력직 금융교육 담당자로 채용될 수 있었다. 오히려, 금융·경제교육 강사가 아니었다면, 은행에서 근무할 기회가 주어지지 않았을 것이다.

강의 분야를 찾기 위한 스킬을 정리해 보면 다음과 같다. 나의 경우, 법학을 전공했지만, 졸업 후에 진로를 찾는 과정에서 가르치고 지식을 전달하는 일이 적성에 잘 맞는다는 것을 알고는 교육을 하는 직업을 선택하게 되었다. 또한, 투자와 재테크 등에 대한 관심이 많아서 관련 책이나 경제신문을 읽는 것을 좋아했기에, 금융 관련 자격증을 취득하기 시작했고, 내가 알게 된 지식을 나누면서 함께 성장하고 싶은 마음에 금융경제교육 강사로 활동하게 된 것이다. 그리고, 그 경험을 경력으로 인정받아, 은행에서 일하게 되었고, 그때의 경험은 나를 더 단단하게 만들어 주었고, 해당 분야에서 더욱 특화된 강사가 될 수 있었다.

이렇듯 내가 지나온 시간과 현재의 나를 돌아보며 전문 영역의 선택에 대한 고민을 해야 하면, 이를 통해 해당분야의 전문 강사로서 거듭날 수 있도록 노력해야 한다.

쉽고, 재미있게 지식을 전달하는 고급 스킬
: 나만의 특별한 콘텐츠 개발

만약, 초보 강사가 아니라 이미 어느 정도 강의 경력이 되는 강사라면 어떻게 강의 스킬을 다져야 할까?

그것은 바로 자신의 강의 분야에서 어떻게 하면 '특별함'과 '차별성'을 만들어 낼 수 있을지를 생각해야 한다. 강사는 교육 콘텐츠를 파는 사람이라고 볼 수 있다. 그러므로 본인의 콘텐츠가 선택받기 위해서는 다른 강사의 상품과는 차별화되는 '특별함'이 있어야 합니다. 반드시 본인의 강의를 들어야 하는 이유가, 강사 본인에게 있어야 한다는 말이다. 차별화되는 특별함을 갖추기 위해서는 다음이 세 가지를 실천해야 한다.

첫째, 나만의 콘텐츠 개발하기

교육 시장도 항상 변화하므로, 나의 강의 분야의 트렌드가 어떻게 변해가고 있는지 수시로 확인해야 한다. 변화를 감지하였다면, 그것을 접목하여 나만의 새로운 콘텐츠를 만들어야 한다. 나아가, 유연한 사고를 통해 빠르고 다양하게 변화하는 콘텐츠 시장에 적극적으로 뛰어들어 정보를 흡수하고, 본인의 강의에 적용할 수 있어야 한다.

코로나로 인해 비대면 교육이 시작되었을 때, 대면 교육이 다시 시작되기만을 기다리기보다는 화상 교육 서비스를 다른 강사들에 비해 빠르게 제공하는 것이 더 현명하다는 말이다.

또한, '메타버스', '챗 GPT' 등 새롭게 사람들의 관심이 쏠리는 분야와 나의 강의 영역을 융합하여 새로운 콘텐츠를 만들어내는 것도 매우 좋다. 좀 더 구체적으로 살펴보자면, 금융경제교육에 메타버스를 접목하여 '메타버스 세상 속 은행 체험', 또는 '메타버스로 배우는 금융·경제교육' 등의 주제로 강의 콘텐츠를 만들어 교육을 진행할 수 있다. 실제로, 해당 주제로 강의를 진행하자, 청중들은 새로운 교육 방법이라며 매우 신선해 했고, '재미있게 배울 수 있었다'며 교육생과 교육 담당자 모두 높은 교육 만족도를 보였다.

그런데, 강사가 디지털 기계를 다루는데 익숙하지 않고, 변화에 적응하고 받아들이는 속도가 느린 편이라면, 지식을 전달하는 도구를 바꿔보는 방법을 시도해 볼 수 있다. 예를 들어, 카드 게임이나 보드게임의 형식을 활용하거나 팀별 활동을 통해 교육생이 문제를 해결하고 스스로 답을 찾을 수 있도록 프로그램을 구성하는 방법 등이 있다.

그 외에 재미있는 교육 관련 영상을 활용하는 방법도 있다. 예능 TV 프로그램이나, 이해하기 쉽도록 만들어진 다큐멘터리 형식의 영상도 좋다. 강사가 말로 먼저 내용을 전달하고, 복습의 방법으로 영상을 시청하거나, 관심을 유발하기 위한 용도로 영상을 활용할 수도 있다.

나 또한, 종종 유튜브에 강의 분야와 관련 있는 키워드를 검색하여 적당한 영상을 찾기도 하고, TV를 보다가 우연히 금융·경제와 관련된 프로그램이 방송될 때는 스마트폰에 기록해두었다가 이후에 영상을 다운로드해서 강의 자료로 활용하고 있다.

둘째, 새로운 기술 배우기

메타버스를 활용한 금융·경제교육을 콘텐츠를 초반에 선점하였기 때문에 다른 강사들에게 메타버스 활용법을 강의하는 강사 역량 강화 워크숍을 진행하고 있지만, 메타버스 플랫폼을 처음부터 다룰 수 있었던 것은 아니다.

'줌'이라는 화상 프로그램이 활성화되기 시작했을 때 강사들이 '줌'을 활용한 교수법을 배우기 시작한 것처럼, 메타버스 플랫폼에 대한 정보가 노출되기 시작하는 시적에, 메타버스 플랫폼을 활용하는 방법을 새롭게 배우기 시작했다. 그 결과, 다양한 메타버스 플랫폼들이 있고, 각각의 장단점이나 특징이 다르기는 하지만 큰 틀에서의 사용법은 비슷하다는 것을 알 수 있었다.

나아가, 강사가 지식을 일방적으로 전달하는 강의보다는 교육생 참여형, 게임식 교육이 강의에 효율적이라는 생각에 '에듀테크' 시스템을 배워서 활용하기도 했다.

'에듀테크'는 비대면 강의 시장이 활성화되면서 주목받고 있는 개념으로, '교육'(Education)과 '기술'(Technology)이란 단어를 합성한 개념이다. 최근에는 학교 현장에서도 인공지능(AI), 메타버스와 같은 에듀테크 도구들을 활용한 수업이 이루어지고 있고, 교실에는 1인 1개의 태블릿이 보급되어 있는 곳도 많기에, 활용하면 좋을 시스템이다.

과거의 강의 방식에서 벗어나 새로운 방법을 시도하려면 새로운 기술을 반드시 배워야 한다. 내가 잘 활용하는 것 중에 '퀴즈앤'이라는 퀴즈 플랫폼이 있는데, 만드는 방법은 파워포인트로 강의안을 만드는 것과 비슷하며, 배운 내용을 개인 스마트폰이나 태블릿 등으로 게임하며 복습하도록 강의를 진행할 수 있기에 매우 활용도가 높다.

역지사지(易地思之)라는 말이 있다. 처지를 바꾸어 생각해 보는 것이 좋은 강사의 시작점이다.

교육담당자라면 어떤 강의를 원할까?
교육대상자라면 어떤 강의에 흥미를 가질까?

이런 생각들을 토대로 강의안이 준비된다면, 누구나 즐겁고 특별한 강의를 할 수 있을 것이다.

앞에서 예로 든 에듀테크나 퀴즈 플랫폼 외에도 접목하여 강의의 질을 높일 수 있는 기술이 있다면, 적극적으로 배우려는 자세가 필요하다. 새로운 지식, 어려운 정보라고 해서 무조건 피하는 것이 능사는 아니다. 그럴수록 적극적으로 받아들여, 나만의 것으로 만드는 것이 스킬이며 역량이다. 지식에 투자하는 것이 최고의 고급 스킬인 것이다.

셋째, 실전에 바로 적용하기
배우기만 하고 실천하지 않거나 새로운 아이디어가 있을 때 머릿속에서 생각만 한다면 아무런 소용이 없다. 앞에서 이야기한 대로 나만의 콘텐츠를 개발하고, 새로운 기술을 익혔다면 강의 현장에서 바로 적용해야 한다. 그리고 반응을 보고 수정이나 보완할 부분을 찾고, 발전시키는 과정을 반복하며 전문가로서 나아갈 수 있어야 한다.

강사의 경험은 최고의 재료가 된다

　　강사는 교육 신청이 들어오면, 교육을 신청한 기관의 담당자와 교육 주제, 내용 등에 대한 논의 및 준비사항에 대해 사전에 이야기를 나누게 된다. 이 과정에서 기관의 담당자가 주로 강조하는 부분 중에 대표적인 것은 '교육을 이해하기 쉽고, 재미있게 해달라'라는 것이다.

　　그렇다면, '어떻게 하면 이해하기 쉽고, 재미있는 강의를 만들 수 있을까?' 이것은 나를 비롯한 많은 강사들의 고민일 것이다. 앞에서 언급한 '에듀테크'나 다양한 플랫폼을 활용하는 것도 좋은 방법이 될 수 있고, 트렌트의 변화에 발맞춰 새로운 기술을 배우고, 그것을 강의에 접목하는 것도 좋다.

　　더불어, 강사가 직접 경험한 것을 바탕으로 강의를 설계했다면, 교육생의 입장에서 이해하기도 쉽고, 교육 내용을 재미있게 배우는데 큰 도움이 될 수 있다. 청소년기에 학교에서 수업 시간에 졸려 하다가도 선생님께서 잠시 여담을 들려주면, 잠이 깨면서 눈이 말똥말똥 해지고, 집중해서 그 이야기를 들었던 경험은 누구에게나 있을 것이다. 강사 또한 본인의 경험을 무기 삼아, 양념 삼아 본인의 강의를 맛있고, 빛나게 할 수 있어야 한다.

　　금융·경제교육 강의를 진행할 때는 경험을 다음과 같이 활용하고 있다.
　　첫째, 경제관념이 제대로 확립되어 있지 않을 때인 대학생 때 신용카드를 발급받아 과소비를 하게 되었던 경험담을 이야기하면서, 체크카드와 신용카드의 특징을 비교하고, 신용점수제와 신용 관리 방법에 대해 교육한다. 또한, 현금서비스, 리볼빙 등의 위험성에 대해서도 함께 언급하면 교육의 효과가 극대화 된다.

둘째, 보이스피싱 전화를 받았던 경험을 통해, 금융 사기의 유형과 대처 방법에 대해 교육하고, 교육생들과 각자의 금융 사기 경험담을 나누면서 사례를 공유하도록 한다. 교육생들 서로의 의견 공유는 교육에 참여시키는 형식으로도 매우 좋은 방법이며, 교육생들 서로의 밀접한 이야기이기에 더 피부에 와 닿게 메시지 전달이 가능하다.

셋째, 금융투자상품은 일반인들이 이해하기 어려운 부분이 있으므로, 직접 투자 또는 가입해 보면서 겪었던 불편함이나 어려움에 대해 공감대를 형성하며, 쉽게 실행할 수 있는 현실적인 팁을 중심으로 교육을 진행한다.

그래서 새롭게 나오는 금융상품이 있다면, 반드시 경험을 먼저 해보면서 어떻게 교육하는 것이 좋을지 끊임없이 공부하고 연구한다. 이론으로만 알고 있는 지식은 다른 사람이 잘 이해할 수 있도록 쉽게 전달하는 데 한계가 있다. 하지만, 강사가 직접 경험해 보면서, 느끼고 배운 것을 재구성하여 전달한다면 강사와 교육생 모두 살아 있는 지식을 공유할 수 있다.

강의가 필요한 본질적인 이유를 녹여내자

'강사'와 '교육생' 모두 각자의 입장에서 이 강의가 필요한 본질적인 이유를 알고 있어야 서로에게 도움이 되는 강의를 공유할 수 있다.

먼저, '강사'의 입장에서 살펴보면, 내가 강의를 시작할 때마다 소개하는 문구가 있다. 바로, '돈은 자신을 다루지 못하는 사람의 손에 결코 오래 머물지 않는다'이다. 우리 생활에 윤택함과 편리함을 가져다주기 때문에 돈을 싫다고 말하는 사람은 거의 없지만, 돈에 대해서 잘 모르는 사람은 나에게 돈이 들어와도 그것을 지킬 수 있는 힘이 없으며, 현명하게 사용하고, 불리는 방법도 모른다. 나는 현실에서 금융과 경제 분야 지식의 부재로 어려움을 겪는 사람들에게 도움이 되고자 하였으며, 금융·경제교육 강사로서의 사명감을 공고히 할 수 있었다.

당연한 것일 수 있지만, 굉장히 중요한 포인트다. 진정성 있는 강의의 진심을 전달하는 것은 결코 쉬운 부분이 아니다. 따라서, 강사는 본인의 교육이 교육생에게 꼭 필요하다는 믿음과 사명감을 바탕으로 강의를 할 수 있어야 한다.

다음으로 '교육생'의 입장에서 생각해 보면, 사내 교육이나 법정의무교육 등 의무교육을 받는 입장의 경우, 배우고자 하는 마음자세가 확고하지 않을 수 있다. 교육생이 마음의 준비가 되어 있지 않은 상태에서 강의를 진행하게 되면 교육을 하는 강사도 강의 시간 내내 힘이 들고, 교육이 끝난 뒤의 기분도 좋지 않다.

뿐만 아니라, 그 뒤에 다른 교육 일정이 잡혀있다면 그 강의까지도 안 좋은 영향이 미칠 수 있으므로, 강의의 필요성에 대한 동기부여를 제대로 하는 것과 교육생의 마음을 여는 단계가 중요하다. 하지만, 주의할 점은 여기에서 지나치게 많은 시간을 소비해서는 안 된다는 것이다.

비교적 짧은 시간에 확실하게 마음을 사로잡는 것이 핵심인데, 그 노하우를 공개해 본다.

바로, '메타인지'를 활용하는 것이다.

메타인지란 교육학에 주로 등장하는 용어로 '자신의 생각에 대해 판단하는 능력'을 말한다. 예를 들어, 줄넘기를 일주일 동안 배운 사람이 '내가 줄넘기 100개를 할 수 있는지'를 스스로 판단할 때, 메타인지를 활용한다면 줄넘기 100개를 성공하기 위해서 현재의 나에게서 어떠한 점이 부족한지 자신의 능력과 한계를 정확하게 파악할 수 있다. 메타인지력이 높다면 자신의 상태를 정확히 파악할 수 있으므로, 시간과 노력을 필요한 곳에 적절히 투자할 수 있고, 효율성도 높아진다.

금융·경제교육에서 다음과 같이 활용하고 있다. 먼저, 강사가 질문을 한다.

" '예금자보호제도'에 의하면 은행이 파산 등의 이유로 문을 닫더라도, 예금보험공사에서 원금과 소정의 이자를 합하여 최대 5천만 원까지 대신 예금을 지급하도록 법으로 보호하고 있습니다. 그렇다면, 은행별로 따로따로 5천만원 씩 보호될까요? 아니면 모든 은행을 다 합하여 5천만 원이 보호될까요?"

보통, 교육생들의 대답은 반으로 나뉘는 경우가 많다. 하지만, 정답은 '

은행별로 보호된다.'는 것이다. 강사는 교육생들의 답변을 모두 들으며 그들이 입 밖으로 답을 내는 것에 큰 의의를 두면 된다. 중요한 것은 정답을 말하는 것이 아닌, 교육생 본인들이 스스로의 생각의 방향을 잡아가는 것이다. 질문에 대한 답을 강사가 정리한 뒤에 계속해서 질문을 이어 나간다.

" 제2금융권인 저축은행에 저축한 경우 예금자보호제도의 보호를 받을 수 있을까요?"

여기서도 많은 교육생들이 의견을 쏟아 낸다. 여기서 강사는 교육생들의 대답에 대해 정답과는 상관 없이 관심을 나타내 주는 것이 중요하다. "그렇게 생각할 수도 있군요. 그렇게 생각하셨군요." 강사의 관심어린 반응은 추후 정답이 공개 되었을 때, 교육생이 더 깊게 깨달을 수 있도록 돕는다. 정답은 '예금자보호제도에 의해 보호받을 수 있다.'로, 정답을 공개하면서 다르게 생각한 교육생들을 위해 부연 설명을 한다. 이어서, 한 번 더 추가 질문을 한다.

"그렇다면, 우체국에 저축한 경우에도 예금자보호제도의 보호를 받을 수 있을까요?"

정답은 '예금자보호제도에 의해 보호받을 수 없다.'이다. 교육생들은 술렁술렁 거리며, 본인들의 지식과 정보에 많은 생각을 품게 된다. 강사는 "우체국에 저축은 돈은 국가가 '전액' 보장하도록 하고 있기 때문"이라는 부연 설명을 거침없이 이어 나간다.

저축을 해본 경험이 있는 사람들은 많기 때문에 스스로가 잘 알고 있다고 생각하는 사람들이 많다. 하지만, 기존에 알고 있다고 생각한 '예금자보호제도'과 관련해서도 모르는 부분이 있었다는 것을 문답의 과정을 통해 스스로 깨달을 수 있도록 하면, 교육생은 강의를 통해 기존에 돈과 관련해서 모르고 있었던 부분이나 오해하고 있었던 부분에 대해 배울 수 있었다는 생각을 하게 된다.

그 외에 포스트잇이나 패들렛을 활용하여 강의 주제와 관련하여 궁금한 점에 대해 질문을 받아, 강의 오프닝에서 간략하게 질문에 대한 답을 하고, 강의 진행 중에는 해당 부분에 대한 답이 나오는 부분에서 한 번 더 질문에 대한 자세한 설명을 덧붙이는 방법도 매우 좋은 방법이다.

아무래도 교육생 스스로가 직접 작성한 질문이고, 평소에 궁금해하던 것이기 때문에 관심을 가지고 강의에 집중할 수 있도록 할 수 있다.

교육 시장에서 인기 강사로 살아남기

강사가 원래 가지고 있던 역량을 바탕으로, 여기까지의 스킬을 잘 활용한다면, 좋은 강사가 될 수 있는 기본적인 재료는 모두 준비되었다. 그런데, 아무리 내가 강의를 잘 할 수 있는 강사라고 하더라도, 강의를 할 수 있는 기회가 없다면 아무 소용이 없다.

이 장에서 이야기할 '교육 시장에서 인기 강사로 살아남기 위한 스킬'을 최대한 활용한 결과, 짧게는 2~3개월 길게는 6개월 이후의 일정까지 잡혀있다. 그리고, 나 혼자서는 모든 일정을 다 소화하기 어려워서 강사 모집을 하고 있으며, 각 지역별 금융·경제교육 강사님들과 협업을 하고 있다.

그렇다면, 강의를 할 수 있는 기회는 어떻게 만들 수 있을까? 강의를 고정적으로 제공하는 기관과 위촉 계약을 맺을 수 있다. 기관 소속의 위촉 강사로 활동하면, 해당 기관의 요청으로 강의를 배정 받아 교육을 할 수 있는 기회가 생기며, 강사 경력에도 도움이 된다.

그런데, 이러한 위촉 계약도 확정적인 강의 횟수를 약정하는 것이 아니고, 보통 1년 단위의 계약인 경우가 대부분이기 때문에 다음 해에 계약 연장이 되지 않을 수도 있다. 그러므로, 강사 스스로 강의 기회를 만들어내야 하는데, 이때, 가장 좋은 방법이 바로, SNS를 적극적으로 활용하는 것이다.

유튜브, 블로그, 인스타그램 등 다양한 SNS 플랫폼이 있는데, 플랫폼마다 특징이 다르므로, 이 중에 자신에게 가장 잘 맞는 플랫폼을 선택하면 된다. SNS는 무엇보다 지속성이 가장 중요하다. 그런데, 나와 맞지 않는 플랫폼을 선택하게 되면 꾸준히 콘텐츠를 만드는 것이 힘들어진다.

또는, 어떤 플랫폼을 선택하더라도, 해당 플랫폼에서 지속적으로 콘텐츠를 발행할 수 있는 방법을 찾으면 된다. 예를 들어, 유튜브를 선택하였지만, 내 얼굴이 나오는 것이 조심스럽다면, 자료 화면이나 PPT 강의안만 영상에 나오고 여기에 나의 목소리를 녹음하여 영상 콘텐츠를 만드는 방법을 사용하면 된다.

그리고, 하나의 콘텐츠를 만들어서 여러 개의 플랫폼에 모두 발행해야 한다. 예를 들어 유튜브용 쇼츠(shorts) 영상을 만들었다면, 동일한 영상을 인스타그램 릴스에 올리고, 해당 영상을 캡쳐하여 이미지로 만들어 블로그에 글과 함께 발행하면 된다.

유튜브, 블로그, 인스타그램을 모두 활용하고 있는 경험에 비추어보면, 기관의 담당자는 블로그 검색을 통해 해당 분야의 강사를 찾고, 블로그 글에서 강사 약력, 강의 활동 등을 먼저 확인한다. 그리고 난 뒤에 블로그 글에 링크된 유튜브나 인스타그램에서 강사의 활동 영상이나 사진을 참고하는 경우가 가장 많다.

그렇다면, 블로그가 처음인 분이라면 어떻게 시작해야 할까? 먼저, 블로그를 하는 방법을 알려주는 책을 2~3권 정도 읽어보고, 블로그 작성 및 활용법을 알려주는 유튜브를 구독 후 참고하여 배운 내용을 바탕으로 직접 블로그를 발행하며 경험을 통해 노하우를 쌓아나가야 한다.

이때, 유의해야 할 점은 블로그 글 상위 노출 비법만 추구하는 등 단기간에 많은 것을 이루려는 마음이다. 출강을 나가서, 강의를 진행하는 모습을 사진으로 잘 찍고, 그것들을 잘 정리하여 글로 쓰면 되고, 글의 내용에는 강의 주제와 내용, 교육 대상과 장소, 교육생들의 후기 등이 들어가면 된다. 단, 교육생의 초상권과 성명권은 반드시 보호해야 한다.

실제로, SNS로 들어온 교육 요청 사례에서 '블로그에서 검색해서 강사님을 알게 되었고, 유튜브에서 교육하는 영상도 확인했어요.'라고 말씀하는 경우가 많다. 그리고, 유튜브 영상을 봤는데, 그것과 비슷한 내용으로 영상을 제작하여 달라며, 영상 제작 요청을 하기도 한다.

그 외에도 교육 영상을 제작하려고 하는데, 강사가 유튜브에 올린 영상들처럼 만들 수 있도록 시나리오를 작성해 달라는 요청도 있다. 덕분에 금융교육 영상 '시나리오 작가'로 활동할 수 있었고, 영상 시나리오 작업을 맡게 되면, 영상 출연까지 함께 제안받는 경우도 생긴다.

강사에게 SNS 활동이 중요한 이유가 한 가지 더 있다. 부산에서 거주하고 있는 나의 경우에 빗대어 보면, 김해, 양산, 울산, 창원 등 근거리 지역까지 출강을 할 수 있는 기회가 생긴다. 그리고, 라디오 녹음 방송 출연처럼 거리와 관계없이 활동할 수 있는 기회도 만들 수 있다. 앞에서 이야기한 '교육 영상 제작'과 '시나리오 작가'로 활동하는 것도 마찬가지이다.

예를 들어, 동일한 물건을 파는 가게가 있다고 하자. A가게는 오프라인 매장만 운영하고 있고, B가게는 오프라인 매장과 온라인 판매를 함께하고 있으며, SNS로 홍보도 하고 있다. 이 경우, 어느 가게의 매출이 더 많을까?

강사도 이와 다르지 않다. 강사는 교육 서비스와 콘텐츠를 제공하고 판매하는 일을 하는 것이다. 이렇듯, SNS는 강사에게 필수이며, 무한한 가능성을 열어주는 매개체가 된다.

강의 스킬업(Skill Up)의 마지막 단계: 돈 많이 버는 강사 되기

강의 스킬이 향상시키는 것이 왜 필요할까? 왜 강의 기회를 더 만들기 위해서 SNS 홍보를 해야 할까? 사람마다 이유가 다를 수는 있지만, 궁극적인 이유는 바로, 돈을 많이 버는 강사가 되기 위함일 것이다. 앞의 장에서 이야기한 것과 같이 SNS만 잘 활 해도 지금보다 더 많은 기회가 제공되고, 그로 인해 돈을 더 많이 버는 강사가 될 수 있다. 그 외에 방법에는 무엇이 있는지에 대해 알아보자.

첫째, 온라인(VOD) 유료강의를 제공하는 것이다.
라이브클래스(liveklass.com), 포인캠퍼스(poincampus.com) 등 다양한 온라인 플랫폼이 있다. 이러한 온라인 플랫폼에 교육 영상을 업로드 하여 수익을 다각화하는 방법이 있다.

둘째, 책(전자책) 또는 교재, 교구 등 만드는 것이다.
기관의 담당자가 교육을 기획할 때 강사비 외의 예산을 활용해야 하는 사업이 있다. 이때, 강사의 책이나 교재, 교구 등을 활용하여 강의를 진행할 수 있다. 가장 인기 있거나 요청이 많은 주제를 선택하여 해당 교육에 사용할 수 있도록 교보재를 제작해두었다가 기회가 왔을 때 활용하면 된다. 그리고 이러한 콘텐츠들을 '네이버 스마트스토어' 등 온라인 상점에 등록한 뒤 블로그와 연동해두면 시너지 효과가 난다.

셋째, 강사수당 지급기준을 잘 알고, 등급을 올리는 것이다.
기관마다 차이가 있지만, 강사수당 지급기준표를 사용하는 곳이 많다.

강사별로 급수를 나누어 강사수당을 차등 지급하는 것이다. 예를 들어, 지방자치인재개발원 강사수당 및 원고료 등 지급기준표(인터넷 검색으로 확인 가능)에서 현재 나의 위치가 일반강사 4급이라면, 3급이 되기 위한 요건을 확인하여 이를 충족하기 위한 노력을 하는 것이다. 즉, 같은 곳에서 강의를 진행해도 강사의 경력 등에 따라 강사수당이 다른 것이다.

그리고, 교육 시간에 따른 강사수당 외에 프로그램 진행비나 원고비 항목으로 수당을 추가로 받는 경우가 있다. 하지만 이러한 부분은 그냥 주어지는 것이 아니라, 기관 담당자와 원활한 소통을 통해 가능한 것이다.

과도하게 강사수당을 요구하고, 돈만 밝히는 강사가 되라는 것이 아니다. 계속해서 교육 콘텐츠를 개발하고, 양질의 교육을 제공하기 위해서는 나의 능력과 서비스에 대한 정당한 대가를 받아야 한다.

그렇지 못해서 강사라는 직업을 중도에 포기하는 분들을 보았기 때문에 이점을 강조하는 것이다.

에필로그

처음 강사로 일을 시작한 날부터 지금까지도 나에게 불안함과 걱정은 항상 존재한다. 앞으로도 그럴 것이다. 하지만 강의를 성공적으로 끝내고 나면 그 불안함과 걱정을 한 방에 날릴 정도로 큰 행복감이 찾아온다. 청중의 박수 소리와 공감의 끄덕임에서 느껴지는 짜릿함을 한번 맛보면 헤어 나오기 쉽지 않다.

강의 의뢰가 없어 불안하고, 내 강의력에 의심이 들고, 만족스럽지 못한 강의 후의 찝찝함을 앞으로 수없이 경험할 테지만 그래도 내가 살아있음을 느끼는 곳은 '강단 위' 청중 앞에 섰을 때라는 것을 안다. 두려움과 불안 때문에 앞으로의 행복을 포기하진 않을 것이다. 그래서 나는 오늘도 결심한다.

두려움을 기회로 전환하자!
'나 다움'에 집중하면, 누구보다 울림 있는 강의를 할 수 있다!
상상으로 끝내지 말고 현실로 만들어 보자!
진심으로 소통하여 청중의 마음을 움직일 수 있는 강사가 되자!

이 책을 읽고 있는 당신도 두려움과 불안함을 떨치고 행복을 맛볼 수 있는 강사가 되길 진심으로 바란다.

저자 소개
임주은 | 금융경제교육 강의 스킬
금융, 경제, 진로, 재테크, 재무코칭

우리경제교육연구소 대표
금융감독원 인증 금융교육 전문강사
금융·경제·진로 교육
재테크, 재무 코칭 등

인스타그램 woorieducation99

우리경제교육연구소 대표, 금융감독원 인증 금융교육 전문강사로, 돈을 잘 벌고, 잘 쓰고, 잘 모으고, 잘 굴리면서, 잘 지킬 수 있는 방법 등에 대해 코칭하고 있다. 금융·경제·진로 교육, 재테크 및 재무 코칭 상담 및 금융·경제교육 강사들을 위한 역량 강화 교육도 활발하게 진행하고 있다.

BNK부산은행에서 금융교육 담당자로 일하였으며, 금융교육 전용 앱 개발, 다양한 교보재 개발 및 교육 영상 제작 등을 하였다. 금융교육에 이바지한 공로를 인정받아, 금융감독원 원장 표창장(2020년)을 받았다. 방문 교육와 화상 교육, 금융 캠프 등 다양한 형태로 교육을 진행하였는데, 특히, '메타버스 금융교육'에 대한 경험을 바탕으로 한국교육신문에 칼럼을 기고하였다. 또한, KBS3 라디오[공감 코리아, 우리는 한국인]에 고정 패널로 출연하였다.

서민금융진흥원, 경기도 지식(GSEEK) 홈페이지 등에서 교육 영상을 시청할 수 있으며, 유튜브 [금융알려주은TV]를 운영하고 있는 '금융 크리에이터'이다.

어린이 전문 강의 스킬

최예진

자기 PR시대, 지속적인 홍보가 답이다
온라인 화상수업으로 전국구 강사가 되어 보자
어린이 전문 강사 입문 스킬
어린이들에게 인기있는 비결
어린이 대상의 수업은 실전이 답이다

자기 PR시대, 지속적인 홍보가 답이다

    처음에 내가 받았던 시급은 9천원이었다. 그때에 비해서 지금은 많이 향상된 강사료를 받고 있지만, 그 때는 그것 또한 감사했다. 나는 당시에 초보강사였고 경력 또한 없었으며 아이가 어리기에 잠깐 시간내어 할 수 있던 아르바이트 자리가 필요했었기 때문이다. 그리고 돌이켜 생각해보면 그때의 내가 그렇게라도, 강사일을 시작할 수 있었기 때문에 지금의 내가 있다고 생각한다.

    그렇게 경기도에서 강사 생활을 하며 열심히 강사생활을 이어나가고 있던 4년차, 신랑의 발령으로 2020년, 경북 포항으로 이사를 가야 했다. 마침 둘째의 출산시기도 겹쳐있었고 코로나도 시작단계였어서 나에게는 일을 쉬기에는 딱 좋은 시기였다. 하지만 이사를 내려와서도 형편이 좋지 않아, 막연히 쉬지만은 못하는 상황이였다. 그렇게 다시 돈을 벌기 위해 둘째를 이른 시기에 어린이집으로 보내고 나는 다시 생계의 전선에 뛰어 들었다.

    낯선 환경이었지만, 일자리를 구해서 다시 시작해보려는 내게 취직은 쉽지 않았다. 학원 강사로만 일을 했었던 터라, 자기홍보나 PR에 대한 개념이 없었고, 새로운 환경 속에서 다시 시작을 하려니 학원 강사자리는 물론, 관련 분야로의 진입 또한 쉽지 않았다. 또한 이사를 내려온 시기가 2020년도 초반, 한참 코로나가 시작할 무렵이었기에 취직에 대한 불안은 더 커져만 갔다.

    그때 나는 이 시기를 어떻게 헤쳐나갈 수 있을까 고민을 했다. 끊임없이 인터넷을 서치했고, 정보를 수집했다. 그러던 중, 지역 맘카페에서 유치원 어린이집 중국어 특별활동 강사를 채용한다는 공고를 보았고, 어린이 중국어 강사 생활은 그렇게 시작 되었다.

처음 전문적으로 접하는 유아 중국어 수업에 첫 해 1년은 정말 순식간에 지나갔다. 바쁘기도 바빴지만, 문제는 컴플레인이었다. 몇 클래스 되지도 않는 수업이었지만, 처음 경험하는 아동 교육에 다양한 수업 교구들까지 준비를 해야하니, 정말 정신없고 고된 나날의 연속이었다. 새벽까지 잠을 줄여 준비하며, 버티고 또 버텼다. 지금 돌이켜 생각해보면 그 1년이라는 시기가 있었기에 지금의 유아어린이 전문가가 되었으며, 나름의 노하우와 스킬도 생긴 것이라 확신한다.

여러 시행착오를 겪으며 조금씩 쌓여가는 노하우를 바탕으로 수업을 준비하는 시간은 점차 줄어 들었고, 조금씩 여유가 생기기 시작했다. 그래서 매 수업기록을 남기고자 했다. SNS로 홍보를 하기 시작했고, 나만의 특색있는 놀이중국어 수업을 테마로 홍보하기 시작했다. 다른 사람에게 주목을 받고 관심받는 것을 좋아하는 나의 관종 성향이 바로 여기에서 빛을 발하지 않았나 라는 생각한다.

홍보는 일회성이 아닌 지속적이면서도 꾸준히 진행했다. 꾸준히 글을 올리기란 쉽지 않았지만, 강의의 연장선으로 생각하며 기록하고, 또 기록했다. 그렇게 지속적인 자기 PR은 한 해 한 해 지날수록 나를 아는 사람이 많아지는 것으로 점차 티가 나기 시작했다. 수업이 늘기 시작했고, 기업체 초청 강연까지 연결이 되면서 나의 시급은 점차 상승하기 시작했다. 꾸준히 중국어 강의라는 한 우물만 파던 나에게 드디어 반짝이는 순간이 오게 된 것이다.

처음에는 수업 문의 자체만으로도 너무나 감사한 나머지, 돈과 거리를 따지지 않고 모두 다 '오케이'하며 강의를 진행했다. 그렇게 시작한 '오케이'는 포항에서 부산 해운대까지 왕복 2시간 30분 거리의 장거리 수업까지도 거뜬하게 해 낼 수 있는 단단한 강사로 거듭나게 해 주었고, 2년이 지난 지금까지도 강의를 진행하고 있다.

스스로가 너무나도 많은 것을 가리고 따지는 것은 아닌지 고민해 볼 필요가 있는 부분이다. 기회는 찾아 나서는 자에게 관대하다. 나 또한, 끊임없이 노력했고, 지속적으로 알렸다. 그 결과 지금의 단단한 어린이 전문 강사인 내가 있는 것이다.

그렇게 아날로그적으로 강의지역을 점차 확장해 나가면서, 지금의 시대에 맞는 강의의 툴을 찾고자 했다. 변화하는 사회 속에서 놓치고 있는 것이 무엇인지 고민했고, 연구했다. 그리고 또 다른 혁신적인 세계를 배우게 됐다.

온라인 화상수업으로 전국구 강사가 되어보자

아이들에게 중국어를 가르치면서 항상 생각한다.
'언젠간 꼭 유명한 스타강사가 되어서 전국의 있는 모든 아이들에게 중국어를 재미있게 알려주고 싶다.'

하지만 그것은 그저, 이루기 어려운 바람일 뿐이었다. 더더군다나 대한민국의 남쪽 끝자락에서 갖는 희망이라기엔, 턱없이 크고 불가능한 꿈이었다. 그럼에도 불구하고 고군분투 다양한 지인들을 통해 인맥을 쌓고, 교육을 받던 어느날, 중국어 강사라면 모를 수가 없는 유명한 이슬 강사를 알게 되었다. 더 이상 발전하지 못하고 있다는 사실에 답답함을 느꼈던 시기에 알게된 단비 같은 은인이었다. 누군가와 함께 하면 조금은 나아질 수 있지 않을까 하는 막연한 생각으로 낸 용기의 제안을, 이슬 강사는 흔쾌히 수락해 주었다.

그렇게 이슬 강사를 대표로 이루어져 있는 '중국어융합스쿨' 이라는 팀에 나는 2022년 1월1일부로 함께 합류를 하게 되었다. 이미 이슬 강사를 포함하여 3명의 강사님이 함께 하고 있었고, 내가 함께하고 싶다는 연락을 드린 시기에 마침 '중국어융합스쿨' 팀도 강사 충원이 필요한 상황이였다. 운명적으로 모든 것이 타이밍이 맞게 되었고, 긍정적으로 받아주셔서 나와 미팅을 하게 되었고 최종적으로 나를 영입하고 싶어하셔서 나는 이 팀에 합류를 하게 되었다. 처음이라 생소한 온라인이라는 세계는 막연히 '컴퓨터를 이용해서 시간에 맞춰 수업을 하면 되겠지' '이동도 없고 온라인에서 자리만 잘 잡으면 너무 편하겠다' 라는 나의 생각을 와장창 깨뜨려 주었다.

'나의 생각은 완전 잘못 되었구나' 라는 것을 느낀 것은 바로 수업에 투입되기 전 엄청난 회의와 수업 전 시강을 하는 과정이였다. 오프라인에서 이미 강의 경험이 있는 나는 '내가 하던 것을 그대로 하면 되겠지' 라고 생각했지만 그것이 아니였다. 친구들과 얼굴만 보면서 진행하는 수업에는 좀 더 다른 스킬이 필요했다. 수많은 회의와 시강을 통해 이슬 강사를 포함한 다른 강사들에게 조언을 듣고 또 듣고 하여 최종적으로 나는 실전에 투입될 수 있었다. '이정도면 그냥 대충 넘어가도 되지 않나' 라고 생각들었던 것도 막상 실전에 투입되니 '아 준비를 잘해서 내가 이런 상황에서도 당황하지 않는구나' 라는 정말 값진 경험을 할 수 있던 순간 이였다.

　　예를 들어 와이파이가 갑자기 잘 안터진다거나 먹통일 경우 핸드폰의 핫스팟을 쓴다거나, 이런 것은 직접 경험해 보지 못하면 알지못했던 것들이다 또한 우리는 '줌(zoom)' 이라는 프로그램을 쓰는데 이 프로그램 안에서도 우리가 미리 공부하지 않으면 모르는 유용한 기능들이 많다.

　　타 강사들의 온라인 수업을 보면 화면 공유를 하여 수업을 진행만 할 뿐 다른 기능들을 활용을 못하여 수업이 매끄럽지 않다는 느낌을 받을 때가 있다. 그럴 때는 '온라인도 오프라인 수업처럼 준비 할 것이 많고 결코 쉬운 영역이 아니다' 라는 것을 많이 느끼고 배울 수 있었다.

　　지금의 나는 온라인 수업을 아주 편안하게 이용하고 있으며 오프라인 수업과 병행하여 코로나 시작시기부터 2023년 지금까지 3년여간 계속 쭉 이어서 진행하고 있다. 이렇게 열심히 온라인 수업도 하다보니 각 기업에서 온라인 수업이 필요하다거나 할 때 특히 어린이를 대상으로 하는 온라인 수업이 필요한 곳에서 나의 SNS를 통하여 온라인 수업 후기들을 보시고 연락을 주시는 경우가 있어서, 이러한 온라인 채널을 활용하여 현재는 전국적으로 아이들에게 교육하며, 전국구 강사가 되고 싶다는 꿈을 점차 이루고 있는 상황이다.

어린이 전문 강사 입문 스킬

나는 처음부터 어린이 전문 강사는 아니었다. 성인 수업을 시작으로 강사 생활을 시작했으며, 현재는 어린이 전문으로 나만의 길을 탄탄하게 만들어 나가고 있다. 어린이를 가르칠 줄 아는 강사들이라면, 성인은 당연히 가능하다고 생각한다. 그만큼 아이들을 가르치는 것은 성인 교육에 비해 엄청난 준비는 물론, 많은 노력과 에너지가 들어간다.

어린이 전문으로 가게 된 계기는 나의 성향을 잘 아는 주변 인들의 추천을 귀담아 듣기 시작하면서 부터다. 나를 잘 아는 주변인들의 말에 집중했고, 도전했다. 막연히 흘리지 않았고, 기회를 잡았다.
유치원 어린이집 중국어 특별활동 강사를 경험하며, 아이들을 경험하게 되었는데, 이 당시 내게는 4살, 1살의 두 아이가 있었던 터라, 아이들 모두가 나의 자녀들 같았다. 이런 최적화 된 상황 속에서 나는 기회를 만들었고, 도전을 했다.

아이를 낳고 기르던 경험으로, 아이들이 좋아하는 것은 남들보다 빨리 캐치했다. 나의 자녀들은 새로 구상하는 샘플 강의에 최적화 된 예비 교육생으로 많은 시범 강의에 참여하며 도움을 줬다.

많은 강의를 통해 깨달을 수 있었다. 성인을 대상으로 교육을 했을 때보다, 아이들을 대상으로 교육을 하고 있는 지금, 가장 큰 행복과 몰입력을 느끼는 것을 말이다. 이러한 느낌은 지금까지도 전문가로서의 역량을 쌓게 해주는 원동력이 되고 있다.

어린이들에게 인기있는 비결

나의 성격은 굉장히 외향적으로(참고로 MBTI는 ENFJ다), 남들 앞에 나서는 것을 좋아한다. 이런 성격이 바로 아이들에게 다가가는데 한 몫을 하는 듯 하다. 아이들은 나를 '예진쌤', '중국어쌤'으로 부르는데, 가장 나를 웃게하고 뿌듯하게 하는 호칭은 '웃긴쌤'이다.

어느 날, 수업에서 기존에 수업을 듣던 친구가 새로온 친구에게 나를 소개하던 말을 듣게 되었다. "중국어쌤인데 웃긴쌤이야."

외국어 선생님을 웃기다고 해 주는 아이들이 그저 신기하고 귀엽다가도, 나를 그렇게 생각해 주는 것에 다시금 감동하며, 감사함을 느꼈다. 아이들이 빵빵 터질때 '오늘도 성공했군' 하고 뿌듯함을 느끼며, 웃음을 통해 아이들과 소통하고, 소통을 통해 아이들을 가르치고 있다.

잘 가르치는 것도 중요하지만, 아이들에게는 딱딱한 공부, 어려운 외국어가 아닌 하나라도 재미있게 각인시키는 것이 중요하다고 생각한다. 그렇기에, 단어 하나를 알려줘도 아이들이 좋아하는 '똥' 같은 단어가 나오면, 오버스러우면서도 재미있는 행동이나 표정을 극대화하여, 아이들의 웃음 버튼을 꾹 누른다.

그렇게 아이들의 웃음이 쌓여, 얻게 된 '웃긴쌤'의 호칭은 내게 더 없이 큰 행복이자 설렘이다. 나를 그렇게 기억해 준 아이들이 있기에, 그들의 웃음을 위해 더 고민하고 연구한다.

어린이 대상의 수업은 실전이 답이다

유아, 어린이 대상의 교육은 직접 경험해 보는 것이 정말 답이다. 막연하게 상상이나 청강만으로는 결코 나의 스킬이 되지 않는다. 아무리 교육을 받고, 외우고, 실습을 해도, 오롯이 나 혼자서 아이들을 상대해 가며 쌓는 역량에는 비할 수 없다. 직접적인 경험은 부족한 점을 더 체감하게 하며, 이를 통해 스스로를 더 빠르게 성장시킬 수 있다.

중국어 강사 양성과정 수업을 아무리 많이 듣고 자격증을 따도 어떻게 해야할지, 어디서부터 시작을 해야 할지 막연해 하는 사람들이 있다. 이럴 때, 나는 항상 권한다. 어떻게든 아이들을 만나라고 말이다.

그만큼 아이들 교육은 실전이 가장 중요하다. 물론 무작정 아이들을 만나라는 소리는 아니다. 아이들에게 시행착오를 실습하라는 말은 당연히 아니다. 다만, 여러 준비과정을 거쳤으면, 자신이 없다는 이유로 다시 그 준비과정을 반복하고 고민하기 보다는, 강사를 기다릴 아이들에게 가서 역량발휘를 할 수 있는 기회를 잡아야 한다고 말하는 것이다.

준비과정이 끝났으면 도전해야 한다. 물론, 처음부터 완벽하진 않을 것이다. 기관에서 컴플레인을 받을 수도 있고, 학부모나 아이들에게 재미없다는 소리를 들을 수도 있을 것이다. 하지만, 중요한 것은 현장에서의 목소리 그 자체다. 귀기울여 들은 현장의 목소리는 강사를 성장시키며, 발전할 수 있는 촉매제가 된다. 강사를 더 공부하게 하고 연구하게 하며, 준비하게 한다. 그렇게 강사는 단단해지며, 한 분야의 전문가로서 거듭나게 되는 것이다.

이런 여러 준비과정과 시행착오를 거쳐, 지금의 나는 '나'의 이름을 걸고 학원을 운영하는 원장이 되었다. 학원을 운영하면서 학교와 유치원 등 다른 기관들의 강의도 병행하고 있다. 원데이 일일특강으로 학교나 기업체 등에서 초청을 받아 시간당 페이를 받으며 강의를 다니고 있으며, 온라인을 통해 전국적으로도 활동을 이어나가고 있다.

나의 자존감과 자긍심을 포함한 강의력은 한 순간에 기적처럼 이루어진 것은 절대 아니다. 엄청난 노력과 꾸준한 공부, 나아가 기회를 잡는 용기의 삼박자가 맞아 떨어지면서 성장으로 이어지게 되었다.

중국어 시장이 많이 어렵다고는 하지만, 뭐든지 내가 하기에 달려있다고 생각한다. 환경을 탓하기 보다는 이런 순간에도 해결해 나갈 수 있는 방법에 집중하며, 기회를 노리고 있다보면 언젠가는 성공 할 수 있다고 믿는다. 이러한 확신으로 지금의 내가 된 것처럼 말이다.
내가 좋아하는 중국어 명언이 하나 있다.

不怕慢, 只怕站。
느린 것을 두려워 하지 말고, 단지 멈추는 것을 두려워하라.
내가 계속 도전 한다면 나는 발전 하고 있다, 속도만 느릴 뿐이지 멈춘 것은 아니니, 느리다고 두려워 말고, 아무것도 하지 않는 상태인 멈춘 상태를 두려워 하라 라는 뜻이다.

가려는 길을 가 보자.
두려움으로 망설이는 시간은 우리에게 아무것도 가져다 주지 않는다.
모진 풍파와 시행착오의 시간은 우리에게 성장과 발전이라는 경험을 가져다 준다.

에필로그

나는 꿈이 딱히 없었다. 대학교를 졸업하여 그냥 평범한 회사에 취직하여 결혼하여 아이 키우고 평범하게 사는 것, 그냥 그게 전부이고 다 인 것 같다고 생각하였다.

하지만 그런 나에게 지금의 나의 모습은 과거에 나에게는 상상도 할 수 없는 모습이다 내가 강사를 하게 될꺼라고는 생각조차도 못한 일이였기 때문이다.

나는 자신있게 얘기할 수 있다, 누구나 할 순 있지만 누구나 강사로서 잘 나갈수 는 없다 그건 본인 하기에 달려있기 때문이다, 지금의 나는 6년차 강사로써 이제야 나의 SNS를 보고 먼저 수업문의를 주시는 분들이 차츰 늘고 있는 추세이다.

처음 강사로 일을 시작한 날부터 지금까지도 나에게 불안함과 걱정은 항상 존재한다. 앞으로도 그럴 것이다. 하지만 강의를 성공적으로 끝내고 나면 그 불안함과 걱정을 한 방에 날릴 정도로 큰 행복감이 찾아온다. 청중의 박수 소리와 공감의 끄덕임에서 느껴지는 짜릿함을 한번 맛보면 헤어 나오기 쉽지 않다.

강의 의뢰가 없어 불안하고, 내 강의력에 의심이 들고, 만족스럽지 못한 강의 후의 찝찝함을 앞으로 수없이 경험할 테지만 그래도 내가 살아있음을 느끼는 곳은 '강단 위' 청중 앞에 섰을 때라는 것을 안다. 두려움과 불안 때문에 앞으로의 행복을 포기하진 않을 것이다. 그래서 나는 오늘도 결심한다.

두려움을 기회로 전환하자!

'나 다움'에 집중하면, 누구보다 울림 있는 강의를 할 수 있다!

상상으로 끝내지 말고 현실로 만들어 보자!

진심으로 소통하여 청중의 마음을 움직일 수 있는 강사가 되자!

이 책을 읽고 있는 당신도 두려움과 불안함을 떨치고 행복을 맛볼 수 있는 강사가 되길 진심으로 바란다.

저자 소개
최예진 | 어린이 전문 강의 스킬
유아.청소년 중국어 교육, 중국어 교수법

중국어중국학과 학사 졸업
中国上海大学 유학
초·중학교 중국어 수업 출강
유치원,어린이집 샤오팡중국어 출강
교원그룹 포항센터 초청 강사
어린이 중국어 전문지도강사 자격 보유
차이홍예진쌤중국어 운영

인스타그램 yejinssam_chinese4kids
블로그 blog.naver.com/cwj7290

경상권에서 초·중학교, 유치원,어린이집 기관으로 방과후 중국어 특별활동 강사로 출강하며 어린이 전문 중국어 강사로 활발한 활동중이다. 더불어 '차이홍예진쌤중국어' 학원을 운영하며 이끌고 있는 강사이자 원장이다. 2023년에는 월요일부터 토요일 오후까지 수업이 풀 스케줄 이라서 강의도 하고 7세, 5세 두 아이의 육아도 함께 병행하고 있는 상황이라 굉장히 바쁜 하루하루를 보내고 있는 워킹맘이다. 나에게 강의 의뢰를 주시는 모든 분들에게 항상 감사한 마음을 가지며 항상 최선을 다하여 수업을 다니며 하이텐션을 잃지 않으려 노력 또 노력을 하며 수업을 다니고 있다.

김포에서 어학원 강사 생활을 하였으며, 이때의 경력을 바탕으로 포항에서도 강사로서 활동을 넓힐 수 있었다.

앞으로도 강사로서의 경험을 넓혀서 대학 강단에 서 보는 것을 목표로 지금도 열심히 강의를 하고 있다. 나아가 온라인 인터넷 강의 촬영을 통해 '예진쌤'의 이름을 널리 알리고 싶다. 항상 준비된 강사로서 부지런히 집필작업을 하며 지속적으로 이력을 쌓아 나갈 것이다.

NOTE

Secret Lecture Skills

강의를 매력적으로 만드는 스킬

한똘기

학습자 트렌드를 파악하라
OLD함은 오프닝에서 결정된다
스치는 스토리가 스며든다: 3스
매력적인 강사의 이미지를 갖춰라

학습자 트렌드를 파악하라

대한민국에 빈티지샵과 중고시장이 사라지지 않는 이유가 있다. 그것은 바로 돌고 도는 유행이 있기 때문이다. 1970년대의 패션이 1990년대 2023년에 재 유행하면서 10대에서 60대까지의 다양한 연령층이 한꺼번에 공감을 느끼기도 한다. 최근엔 인스타그램, 페이스북, 유튜브, 틱톡 등 다양한 SNS에서 한 명 한 명이 주인공이 되어 개인의 개성이 존중받고 있는 반면 개인들은 유행에 뒤쳐지지 않으려 더 민감하게 살피고 있다. 그리고 유행에 뒤쳐지지 않고 감각 있는 사람들을 우리는 '트랜디하다' 라고 말한다. 유행, 즉 트랜드 는 '특정한 행동 양식이나 사상 따위가 일시적으로 많은 사람의 추종을 받아서 널리 퍼짐.' 이라는 사전적 의미를 갖고 있고, 이 챕터의 포인트는 바로 이 부분이다. 다수가 알고 있는 행동양식. 트랜드에 맞는 강의를 기획하고 실행한다면 다수를 이해시키고 공감을 얻을 수 있다.

물론 행동 양식에는 문화, 패션, 유머, 잡화, 헤어스타일 그리고 언어까지 카테고리가 너무나도 다양하다. 어떤 것도 괜찮다. 다만 놓치지 않아야 하는 것은 강의를 듣는 학습자의 눈높이와 생활환경에 맞춰진 트랜드인지를 파악하는 것이다.

오래전부터 아동학을 공부해왔다. 아동학 교수님 중 한 분이 이런 이야기를 하셨다. "아이들의 눈높이를 맞추려면 아이들 생활에 들어가야 합니다." 아이들이 뭘 보고 즐거워하는지, 친구들 사이에서 요즘 인기 있는 캐릭터는 무엇인지, 아이들이 잘하고 싶어 하는 것은 어떤 것인지 그 생활에 들어가서 봐야 서로가 공감하는 진정한 소통을 할 수 있다는 말이었다. 이렇듯 트랜드 라고 해서 요즘 유행하는 이야기와 최신 트랜드만을 쫓는 것이 아니라 학습자 생활환경에서의 트랜드를 맞추는 것이다.

예를 들어 노인복지관에서 60~70대 어르신을 대상으로 하는 강의를 한다고 가정해보자. 이때 강의흐름은 오프닝에 어르신들 사이에서 유행하는 음악으로 선곡하는 것부터 시작이다. 오프닝에 관한 내용은 뒤에서 자세히 이야기하겠지만 강의 시작 전 학습자들이 모두 모이기 전까지 강의주제와 어울리는 분위기의 음악은 필수이다. 이후 강의 중간중간의 사례 또한 학습자의 생활에서 가장 공감하기 쉬운 것 이어야 한다. 예를 들어 학습자가 60~70대 일 경우에는 "요즘 건강에 신경 많이 쓰고 계신 가요? 얼마 전에 지하철을 타고 가는데요~ 어떤 어머님 한 분이 무릎이 아프셔서 높은 계단 앞에 앉아 쉬고 계시더라고요~" 라는 사례를 풀어나간다.

한 가지 예시를 더 생각해보자. 기업 강의에서 중간관리자인 40~50대 직장인들을 대상으로 할 때는 어떤 고충사례를 들 수 있을까? 직급과 나이대를 생각하면 급변하는 시대에 따른 세대차이, MZ 부하직원과의 소통 등을 꼽을 수 있을 것이다. "여기 계신 분 들 중 나는 꼰대다!" 라고 생각하시는 분들 손 한번 들어볼까요? 저는 지금 40대 중반인데요, 어느 순간 아, 나도 꼰대구나 라는 생각을 하게 되더라고요~" 식의 그들의 생활환경에 맞는 생각 트랜드를 파악하는 것이다.

학습자가 많이 생각하는 것, 학습자의 생활환경, 학습자가 생각하는 트랜드. 매력적인 강사는 강의를 기획할 때 이것을 놓치지 않는다.

OLD함은 오프닝에서 결정 된다

앞에서 말했듯 강의는 강의 시작 전 음악과 분위기, 강사의 포즈부터 시작한다. 어떻게 하면 학습자를 사로잡는 오프닝을 할 수 있을까? 나는 매력적인 강사의 오프닝은 OLD & NEW의 기준으로 나눌 수 있다는 것을 알게 되었다. 누구나 젊어지고 싶어 한다. 성숙해지는 것은 좋을지 모르겠지만 올드하다는 말을 좋은 하는 사람은 없다. 또 나 자신뿐 아니라 내가 있는 장소, 내가 만난 사람이 세련되고 새로움을 갖췄을 때 호감도가 올라가기도 한다.

이러한 심리를 바탕으로 이번 장에서는 오프닝이 왜 중요한지 그리고 올드함은 무엇인지, 그렇다면 오프닝에서 어떤 걸 보여줘야 하는지에 대해 이야기해보자.

작년 겨울, 친구 인스타그램에 하나의 게시물이 올라왔다. 회사에서 직원들을 위한 외부강사 초청강의에 대한 게시물이었다. 사진에는 강의 교안이 찍혀 있었고 게시물 글에는 '시작하기도 전에 벌써 졸리다' 라고 적혀 있었다. 이 게시물에서도 느낄 수 있듯 강의의 도입부, 오프닝은 강의를 판가름하는 가장 중요한 요소이다. 그리고 오프닝은 강의를 시작하기 전 음악과 분위기, 시작 전 강사의 자세부터 시작이라는 것을 명심해야 한다. 오프닝이 중요하다는 이야기를 계속 하고 있는데, 강의의 오프닝의 Why, What, How를 알아보도록 하자.

첫째, 강의의 오프닝은 왜(Why) 중요한가? 강의는 오프닝에서 많은 것이 판가름되기 때문이다. '첫인상은 3초만에 결정된다. 늦어도 90초인 3분 안에 결정 된다'라는 이야기를 들어본 경험이 있을 것이다. 이렇듯 사람의 첫인상은 빠른 시간 안에 결정되고 이렇게 심어진 첫인상은 바꾸기 쉽지 않다. 처음 느낀 그 사람의 느낌으로 그 사람의 이미지를 추측하는 것이다. 그리고 아무리 그 사람과의 대화의 시간이 좋았어도 첫인상이 좋지 않았다면 그 사람에 대한 신뢰도와 이미지가 좋지 않게 기억될 확률이 높다.

이처럼 처음 입력된 정보보다 나중에 습득하는 정보보다 더 강한 영향력을 발휘하는 것을 '초두효과(primacy effect)' 라고 한다. 초두효과(primacy effect)는 비단 사람의 첫인상에서만 적용되는 것은 아니다. 강의에서도 당연히 적용된다. 강의가 시작하기 전까지 틀어져 있는 음악, 학습자들이 가장 먼저 보게 되는 PPT 커버페이지, 강사의 움직임이나 표정, 그리고 강의 시작 후 강사의 첫 마디. 이런 부분을 통해 학습자는 강의에 대한 기대치를 갖게 되고, 강사에 대한 호감과 신뢰도를 갖게 된다. 우리는 오프닝에서 '이번 강의 재미있겠다', '설렌다', '어떤 내용일까?' 등 학습자의 궁금증을 유발하여 집중도까지 높이는 것을 목표로 해야 한다.

둘째, 올드(OLD)함은 무엇(What)이고 어떤 스타일의 오프닝이 좋은가? 먼저 말하고 싶은 것은 같은 주제의 강의라 할 지라도 해당기관과 대상에 맞춰 교안을 조금씩 수정하길 권장한다. 교안은 학습자가 강의를 시각적으로 판단하는 요소이다. 앞서 말했던 사례처럼 커버 슬라이드만 보고 우리(해당 학습자)를 위한 교안인지 예전에 사용했던 교안을 그대로 사용하는지도 알 수 있다. 이쯤에서 강의시작으로 들어 가보자. 강사라면 한번쯤 들어보았을 '아이스브레이킹'에 대해 이야기하고 싶다. 아이스브레이킹이란 '얼음을 깨다' 라는 단어 의미 그대로 처음에 낯설고 어색한 분위기를 깨고자 하는 시간이다. 예전에는 모든 강사들이 강의 앞부분에 아이스브레이킹을 넣어 진행하였다. 가볍게는 가위바위보부터 다양하고 즐거운 게임 등으로 진행했다. 이런 아이스브레이킹은 단어의미 그대로 학습자들의 낯설고 어색한 분위기를 깨고 즐거움을 주기에 적합했다. 하지만 요즘은 이런 화려하고 웃음기만 있는 아이스브레이킹이 올드한 느낌을 물씬 풍기기도 한다. 또 주제와 부합하지 않는 아이스브레이킹은 강의에 대한 중요성과 필요성을 인지시키지 못한다. 물론 인원이 많을 때, 혹은 신나는 분위기가 필요한 워크샵 등 기존에 쓰이던 형태의 아이스브레이킹이 필요할 때도 있다. 하지만 예전처럼 모든 강의마다 아이스브레이킹을 필수처럼 넣는 것은 추천하지 않는다.

그럼 요즘 학습자가 좋아하는 오프닝은 어떤 스타일일까? 바로 주제와 연관된 자연스러운 스몰토크다. 이런 스타일은 변화하는 강의 추세와도 연관이 있다. 2011년부터 방송된 '세상을 바꾸는 시간 15분' 줄여서 '세바시'라는 TV프로그램이 강의의 스타일을 조금씩 변화시키기도 했다. PPT를 띄워 이론적인 내용을 설명했던 수업식 강의가 아닌 강사의 사례를 통해 메시지를 전달하는 강연 스타일. 그 뒤로 많은 강사들의 비슷한 스타일의 강연을 다양한 매체에서 볼 수 있었다. 이렇게 학습자들이 많이 접하는 스타일이 올드해 보이지 않고 트렌디하다는 느낌을 줄 수 있다. 그리고 이렇게 유명강사들의 강의를 자세히 살펴보면 오프닝에는 '아이스브레이킹'이 아니라 '스몰토크'가 들어 있음을 알 수 있다. '스몰토크'는 강의주제와 부합한 짧은 이야기 또는 사례로 자연스럽게 접근하는 것이다. 얼마 전 강의에서 했던 스몰토크를 예로 들어보겠다.

사례1. (인사와 소개 후) 여러분들은 혹시 어떤 과일 좋아하세요? 저는 요즘처럼 날이 추운 겨울에는 제철과일인 귤을 자주 먹는 데요~ 여러분들도 귤 좋아하시나요? 그런데 이 귤을 사면 가장 먼저 해야 할 일이 있더라고요. 귤을 사면 가장 먼저 해야 할 일? 뭘 까요? 그 것은 바로 상한 귤 골라내기입니다. 한 상자에 들어있는 상한 귤 한 두개가 옆에 있는 건강한 귤도 상하게 만들기 때문이죠. 그렇게 한 두개 상하다 보면 상자 안에 귤이 모두 상하게 되는 것은 시간문제죠. 얼마전 상한귤을 골라내는데, 이 귤상자가 우리가 살고 있는 사회와 비슷한 것 같더라고요~ 여러분들 주변에는 상한 귤이 없나요? 그럼 우리는 주변에 좋은 영향을 주는 건강한 귤일까요? 오늘 이 귤 상자와 같은 사회관계에 대해서 같이 이야기 나눠 보려고 합니다. 이 시간 나의 관계를 돌아보고 괜찮은 관계를 유지할 수 있는 힘도 알아볼 게요. 중간중간 같이 하는 활동에서는 건강한 귤처럼 좋은 영향을 끼치는 사람이 되는 방법도 아마 즐겁고 유익할 겁니다.

이렇게 스몰토크로 주제로 들어가는 자연스러운 전개를 보여주는 것이다. 스몰토크가 조금 더 유머러스하고 모두가 공감할 수 있는 내용이면 더 좋다. 자세한 스몰토크와 사례에 대해서는 뒤에 '스치는 스토리가 스며든다(3스)' 장에서 다루겠다.

뒷장으로 넘어가기 전 오프닝에서 꼭 갖췄으면 하는 부분을 한 가지 더 이야기하자면 소개 맨트이다. 강사를 소개하는 부분은 학습자 기억 속에 '나'를 어떻게 남길지 생각하며 짜는 것이 좋다. '나'라는 강사는 어떤 사람, 어떤 강사로 기억되고 싶은가. 그리고 어떻게 하면 학습자의 뇌리에 오래도록 남을 수 있을까. 생각해 봐야 한다. 이 부분에서는 나의 특징을 잘 살리고, 약점 혹은 컴플렉스를 오히려 강점으로 부각시키는 것도 좋다. 예를 들어 키가 작은 특징이 있다면 '강사계의 가장 작은 거인 OOO입니다' 라고 하는 것이다. 이 외에도 '호랑이도 무서워하는 곶감의 도시 상주에 겁 없이 달려온 OOO입니다'처럼 강의지역에 대한 특성을 살리거나, '아이 둘을 키우는 워킹맘 OOO입니다' 등 학습자의 공감을 사는 소개도 생각 해보길 바란다.

스치는 스토리가 스며든다: 3스

누구나 한번쯤 이런 경험이 있을 것이다. A라는 친구와 실컷 수다를 떠는데 지나가던 B가 툭 하고 던진 말이 머릿속에 탁 꽂혔던 경험. 학창시절 선생님의 첫사랑 이야기가 더 설레고 기억에 남았던 것처럼 말이다. 이렇게 내가 추측하지 못했던 이야기가 가슴을 울리고 머릿속에 맴돌게 하는 것. 우린 강의 중에 이런 작업을 할 필요가 있다. 학습자가 추측하고 있는 내용을 직관적으로 설명하거나 나열하지 않고, 학습자가 평소에 관심 갖고 있던 이야기에 강의의 핵심 메시지를 넣는 것이다.

그리고 강의에서 사용하는 이 방법의 이름을 '스치는 스토리가 스며든다 [3스]' 로 정해보았다. [3스]는 '넛지'에서 아이디어를 따왔다. '넛지'는 강압하지 않고 부드러운 개입으로 사람들이 더 좋은 선택을 할 수 있도록 유도하는 방법을 일컫는 말이다. '넛지'는 사회관계에서 소통의 방식으로도 사용되고 비즈니스 조직에서는 전 세계적으로 상당히 많은 사람들이 권장하는 방법이다.

그래서 '넛지마케팅', '넛지리더십' 이라는 단어가 생겨나기도 했다. 그리고 나는 세계적으로 인정받은 '넛지'의 방법을 [3스]라는 이름으로 강의에 접목시키라고 말하고 싶다. 만약 글을 읽고 있는 당신이 강사를 처음 시작한 초보강사라면 [3스]를 사용했을 때 분명 기존보다 세련된 강의흐름을 만들게 될 것이다.

강사양성과정 수업을 할 때 받았던 질문이다. "그렇다면 [3스]는 강의 흐름 중 어디에 넣으면 좋을까요?" 라는 질문이었다. 어디에 넣으면 좋을까? 물론 예전부터 익숙하게 내려온 강의 흐름으로 예를 들면 강의의 앞과 뒷부분에 넣는 것이 좋다. 강의 앞부분에 넣는 것은 앞서 이야기한 것처럼 초두효과가 있기도 하고, 뒷부분에 넣게 되면 강의 내용을 마무리 짓는 문장의로 핵심 메세지를 전달하기 쉽기 때문이다.

강사들이 마지막 부분에 명언을 담는 것이 그 예이다. 하지만 '넛지'의 방법에 때가 정해져 있지 않듯 [3스]에도 정해진 때는 없다. [3스]를 넣는 때는 강의의 주제와 내용, 활동, 학습자를 파악하고 강의에 맞게 넣는 것이 필요하다. 이때 앞부분에 핵심 메세지를 전달하고 싶다면 [3스]로 '스몰토크'가 그 역할을 하기도 한다.

그럼 스치는 스토리가 스며든다 [3스]를 잘 활용할 수 있는 방법을 알아보자.

첫째, [3스]의 목적대로 자연스럽게 다가가는 것이 중요하다. 공감할 수 있는 이야기를 통해 학습자에 마음에 스며들게 해야 한다. 그러려면 '핵심을 정리해보겠습니다', '결론은', '오늘의 중요내용은' 이라는 말은 삼가 한다. 물론 이런 단어를 사용한 맨트가 필요하긴 하지만 [3스]를 적용할 때에는 금물이다.

둘째, 스토리는 누구나 쉽게 이해하고 공감하는 스토리를 선택해라. 그래야 강조하지 않고 부드럽게 표현하더라도 학습자 마음에 고스란히 전달된다. 예를 들면 유년기 때 누구나 경험해봤을 이야기, 누구나 비슷하게 생각하는 감정에 관한 사례이다. 하나 더, 스토리를 생각할 때 강사로서 겪었던 경험담을 사례로 스토리를 정하는 것도 좋다. '제가 예전에 부산에서 강의를 할 때 였는데요~' 혹은 '오래 전 처음 강사를 시작했을 때 였어요~' 처럼 말이다. 강사로서의 사례를 스토리로 사용할 때는 은연중에 초보강사가 아니다, 강의경험이 풍부하다는 인식을 심어줄 수 있다.

　　셋째, 스토리가 학습자의 머릿속에 그려지도록 전달하라. 예전에 강사 양성과정을 진행하면서 쇼호스트와 라디오DJ 화법에 대해 수업한 적이 있다. 강사는 강의주제에 따라 아나운서처럼 깔끔하고 정보만을 쏙쏙 뽑아 정확히 전달해야 할 때도 있지만, [3스]처럼 사례나 자연스러운 이야기를 할 때에는 쇼호스트와 라디오DJ와 같은 화법으로 전달해야 한다. 여기서 라디오DJ의 화법은 다양한 화법 중 사연을 소개할 때의 화법을 말한다. 쇼호스트와 라디오DJ가 사연을 소개할 때의 공통된 화법은 무엇일까? 바로 형용사(꾸며주는 말)를 잘 사용하여 생생하게 말하는 화법이다. 쇼호스트와 라디오DJ이는 듣는 이(시청자, 청취자)가 직접 대면해서 보는 것이 아니라서 상품과 사연을 좀 더 생생하게 읽어 줘야 하기 때문이다. 강사 역시 사례를 들 때 혹은 스토리를 말할 때, 오감을 자극하는 다양한 형용사를 사용하여 학습자가 머릿속에 생생히 그릴 수 있도록 해야 한다. 쉬운 예로 음식의 맛을 입에 침이 고이게 생생하게 전달하는 방송인 이영자와 요리연구가 이혜정을 꼽을 수 있다.

　　예시1. 맛있는 된장찌개 -〉 진~하고 고소한 집 된장 있죠? 집 된장 한 숟갈 푸욱 떠서 넣어 주시고 버섯, 양파, 감자, 애호박 야채들 착착착 썰어서 넣어주세요~ 보글보글 끓여 주시다가 파랑 청양고추 송송송 썰어서 넣고 소금 톡톡 뿌려서 넣으면 끝! 된장찌개 맛이~ 어떤 맛 인 줄 아세요? 우리 회사에 피곤하게 일하고 전철타고 한 시간 넘게 걸려서 퇴근해서 추~욱 쳐진 몸으로 딱 들어갔을 때 냄새부터 맛있어서 배고프게 하는 맛, '얼른 씻고 밥 먹어~' 하면서 끓여 주셨던 엄마의 된장찌개 그 맛이에요~

　　예시2. 하늘색 티셔츠 -〉 오늘 저희가 준비한 상품은요, 바로 이 스카이블루 컬러의 브이넥 티셔츠입니다. 우선 컬러만으로도 시원해 보여서 여름에 딱 어울리긴 하는데요, 이 색상은요 여러분이 그동안 보셨던 스카이블루 컬러가 아닙니다. 지금 화면으로만 보고 계시니까 제가 설명을 좀 해드릴게요~ 눈감고 한번 상상해 보시겠어요? 날씨가 화창하고 맑은 어느 날 넓고 넓~은 바다에 가보셨다고 상상해보세요. 그냥 바다가 아니고요, 신혼여행지에서 볼 수 있는 에메랄드빛의 그 맑고 투~명한 바다요. 그 바다위에 햇살이 촤~악 비추면 바다위가 반짝반짝~ 하거든요? 그런 컬러 아시겠죠? 그냥 어떤 단어로 딱 설명할 수 없는 맑고 투명하고 반짝이는 그런 아름다운 스카이블루컬러입니다. 소재 또한 이렇게 찰랑찰랑 가벼운 쿨링감 있는 소재로 제작이 되었어요. 이렇게 시원하고 눈부시게 아름다운 컬러의 티셔츠 한 장만 탁! 입고 당당하게 나가는 여러분의 모습을 그려보세요.

이처럼 학습자 머릿속에 스토리가 연상될 수 있도록 전달하는 법까지 적용한다면 [3스]를 통해 매력적인 강사의 언어를 사용할 수 있을 것이다. 강의의 핵심 메세지를 전달하는 것과 학습자와의 공감대 형성, 그리고 자연스러운 강사의 어필 시간도 함께 만들어 보길 바란다.

매력적인 강사의 이미지를 갖춰라

　매력적인 사람들은 공통점이 있다. 밝은 웃음, 당당함, 여유, 군더더기 없는 깔끔한 대화법 등 호감도와 신뢰도를 한번에 향상시킬 수 있는 공통점. 강사는 많은 사람들 앞에 서는 직업이다 보니 이미지가 중요하다는 것은 그간 귀가 아프게 듣고 입이 아프게 말해왔다. 강사의 이미지는 비단 학습자에게만 필요한 것은 아니다.

　강의를 요청한 기관 담당자와 강의 또는 행사를 기획하는 관계자들에게도 강사의 매력 표현은 필수이다. 그리고 이 매력은 강사의 가치를 올리고 퍼스널브랜딩의 값을 올리는데 영향을 미친다. 이번 장에서는 강사의 가치를 올리는 매력적인 이미지 구축에 대해 이야기해보자.

　깔끔한 언어를 사용하라. 초보강사라면 더더욱 깔끔한 언어를 사용하라고 말하고 싶다. 대학을 졸업하자마자 사회생활을 하기 시작했다. 한번 하면 몰입하는 성격으로 일에 최선을 다 한만큼 성과가 좋았고 승진 역시 빨랐다. 빠르게 승진하면서 최연소라는 타이틀을 갖게 되었다. 하지만 최연소라는 타이틀이 좋지만은 않았다. 내 귀엔 '결론은 어리다'로 들렸고 어리다고 무시당하는 일을 피하려고 부단한 노력을 해왔다. 노력에는 업무능력을 키우는 것도 있었지만 쉬워 보이지 않으려는 마음에 카리스마를 장착하려고 애썼다.

　하지만 나이가 들고 경력이 많아지면서 느낀 것이 있다. 카리스마는 그 사람의 언어에서 나온다는 것이다. 여러분이 생각하는 카리스마의 느낌이 각각 있겠지만 여기서 말하는 카리스마는 너무 매력적이라서 다가가고 싶지만 뭔가 다가가기 어려운 느낌을 말한다. 성별과 관계없이 친절하고 상냥한 강사지만 쉽게 다가가기는 어렵고 왠지 기본적인 예를 갖춰야 할 것 같은 느낌이다.

　　열정 가득한 신입강사가 있었다. 강사로서 사람들 앞에 서는 것이 꿈이었고 그 꿈을 이루기 위해 잘 다니던 대기업도 그만 둔 강사였다. 준비를 얼마나 열심히 했는지, 땀이 나는 손으로 꼭 쥐고 한참을 연습해서 대본종이가 너덜너덜하기 일쑤였다. 출중한 외모에 상냥한 말투와 친절한 행동까지 나무랄 데 없이 좋은 사람이었다. 하지만 학습자에게 늘 상냥하고 친절하게 대한 것이 문제가 되었다. 강의가 끝난 후 강사에게 쓰레기 정리를 부탁하기도 하고, 개인적인 질문을 스스럼없이 하는 것이었다. 뿐만 아니라 "강사님 너무 예뻐요~" 하면서 어깨를 툭툭 치고 가거나 아무렇지 않게 하는 스킨십도 잦았다.

　　강사는 다수의 사람들 앞에서 정보와 지식을 전달하는 사람으로 학습자에게 영향력이 있는 사람이어야 한다. 그렇다고 친절하면 안된다는 이야기는 아니다. 친절하되, 상냥하되 함부로 대하거나 쉽게 대할 수 있는 사람으로 비춰지지 말자는 것이다. 이 모습은 의뢰기관 담당자와 관계자들에게도 보여져야 한다. 그럼 지금부터 모두에게 존중받는 강사의 이미지의 첫 단계 깔끔한 언어에 대해 살펴보자.

　　깔끔한 언어와 행동은 맺고 끊음에 있다. 수용할 수 있는 것은 긍정적으로 받아들이고, 거절하고 싶은 것은 상대방의 기분을 상하지 않게 하며 최대한 깔끔하게 거절하는 것이다. 나는 이 언행을 '젠틀한 단호함'이라고 부른다. 추가 강의 의뢰가 계속 들어오고 타 기업의 소개까지 받아 강의가 끊이질 않는 강사들은 모두 '젠틀한 단호함'의 언행을 갖고 있다.
　　이렇게 깔끔한 언행을 몸에 베이도록 사용하다 보면 상냥하지만 센스 있게 거절할 줄 알고, 무례한 농담이나 부탁을 유머러스하게 받아 칠 수 있는 여유도 생기게 된다. 이런 강사의 말과 행동에서는 강사의 경력과 노련함을 엿볼 수 있다. 그리고 '젠틀한 단호함'의 언행이 당신을 매력적인 강사로 만들어 주는데 화룡점정이 될 것이다.

강의는 가치 있는 메시지가 있어야 하고, 강사는 값어치 있는 사람이어야 한다.

그럼 많은 이들이 그대를 매력적인 강사라고 부를 것이다.

에필로그

결혼, 임신, 출산 그리고 육아.
이 네 개의 단어는 잘 나가던 나의 20대와 커리어를 송두리째 날려버렸다.
아름다울 것만 같던 상상과 달리 4개의 관문을 맞이하는 현실은 암담했다. 돌도 지나지 않은 아이를 두고 먼 거리의 회사로 복직하는것은 쉽지 않았고, 앞으로의 미래를 구상하는 시간은 불면증과 우울증을 동반했다. 그러던 중 대한민국 여성들이 결혼과 동시에 만나는 관문들을 나와 똑같이 힘들게 지나간다는 것을 볼 수 있었다. 다른 사람들은 내가 걸어온 길을 조금 더 편하고 바르게 걸어갈 수 있도록 도와주고 싶은 마음 하나로 시작한 것이 프리랜서 강사의 첫 발이었다.

10년이상의 경력이 있었지만 모든 일이 그러하듯 프리랜서의 처음은 쉽지 않았다. 하지만 일과 육아를 병행하는 엄마에게는 시간 조율이 가능한 강사라는 일은 말할 수 없이 좋은 직업이었다. 그리고 나는 늦은나이에 아동학과 관계, 감정, 소통 등의 전문지식을 깊게 파기 시작해 강의 주제와 대상층을 넓히기 시작했다.

강사는 나의 이야기가 필요한 사람들에게 내가 알고 있는 것, 내가 경험하며 느낀 것을 전달하는 지식나눔, 마음 나눔가 라고 생각한다. 많은 사람들에게 지식은 물론, 실패와 성공의 경험담으로 삶의 방향을 설정하는데 길라잡이가 될 수 있다.

다른 이들에게 도움을 주고 방향을 설정해 줄 수 있는 사람이 되고 싶다면 꼭 한 번 강사라는 직업을 해보길 바란다. 나이가 많다면 그만큼 겪어온 경험과 히스토리가 많을 것이고, 경험이 없다면 조금씩 쌓으면 된다. 각자에게 맞는 컨텐츠만 설정한다면 누구나 할 수 있다.

현재의 상황과 아직 오지 않은 문제를 생각하지 말고, 하고 싶은 마음에 집중한다면 해낼 수 있을 것이다. 모두가 용기 내어 도전하길 바란다.
그리고 나 또한 꾸준히 함께 하고 싶다.

저자 소개
한똘기 | 강의를 매력적으로 만드는 스킬
강사 양성, 육아·부부 상담 및 코칭

한국여성아카데미협회장
아이마미컴퍼니 대표
육아, 부모, 부부 대상 강사
아동·가족 상담사
MBC 외 다수 방송출연

이메일 kwaa123@naver.com
인스타그램 double_dk1228

한국여성아카데미협회 회장, 아이마미컴퍼니 대표로 아이들과 여성을 위한 강의 및 상담을 진행하고 있다. 한국아카데미협회에서는 경력단절 육아맘을 포함한 여성들을 위한 강사양성 과정으로 창업, 취업, 강사진출을 서포트 하고, 다양한 강의와 커뮤니티를 통해 여성이 자립할 수 있도록 지원 하고 있다. 육아 상담과 부모 교육 센터인 아이마미에서는 국내 최초 전화 상담과 방문 코칭 시스템을 활용하여 육아·부부에 관한 상담 및 교육을 하고 있다. 최근까지 꾸준한 강의와 상담은 물론 강사 양성과 봉사활동 등 협회장과 대표로서 본보기가 될 수 있도록 성실히 활동하고 있다. 또 다양한 방송출연으로 상담과 강의를 통해 올바른 육아법과 소통법을 알리고 있다.

교육 회사에서 교육과 행사 기획을 맡아 했던 경력을 바탕으로 프리랜서 강사와 교육센터를 운영했다. 외부강의는 시청, 구청, 각 지역별 육아종합지원센터, 가족센터, 복지관 등 공공기관 및 기업에서 부모를 대상으로 육아 관련 강의를 진행했다. 한국자격검정평가진흥원에서 발급하는 아동키움코칭전문가 자격증 과정과 한국아동문화예술협회에서 발급하는 그림책감정코칭지도사 자격증과정을 진행했다. 저서로는 임산부를 위한 '10months' 가 있다.

앞으로도 다양한 계층의 여성과 아동을 위해 꾸준히 활동을 해 나갈 것이고, 협회에서 현실적인 지원을 할 수 있는 방안을 지속적으로 모색해 나갈 것이다.

몰입을 위한 강의 스킬

신윤형

하나의 작품으로서 강의하자
전략적인 트레이닝으로 연출력과 연기력을 강화하자
강사 혼자만 매몰되면 안된다
관찰과 관철의 시너지가 바로 몰입이다

하나의 작품으로서 강의 하자

"당신의 강의는 어떤 장르입니까?"

아마 질문을 보고는 대부분 말문이 턱 하고 막히거나, 의아하다는 생각을 하게 될 것이다. 왜냐하면, 단 한 번도 생각해 보지 않은 질문일 가능성이 높기 때문이다. 차라리, 어떤 분야를 강의하는지, 어떤 컨텐츠로 교육을 하는지를 묻는 질문이라면 오히려 쉽게 답할 수도 있겠지만 말이다.

장르는 주로 문화예술 분야에서 많이 쓰는 단어다. 비슷한 말로는 양식, 갈래, 형식, 형태 등이 있으며, 사전적인 의미로는 문화예술의 갈래를 일컫는 말이다. 문학에서의 장르는 시, 소설, 수필, 희곡 혹은 서정, 서사 등의 구분이 될 것이고, 영화에서의 장르는 로맨스, 드라마, 액션, 공포 등이 될 것이다.

그렇다면, 다시 질문으로 돌아가보자. 아마 이 질문이 더 어렵게 느껴질 것이다. 물론 이 질문에 대한 답은 하나가 아니다. 상황에 따라, 교육생에 따라, 컨텐츠에 따라 강의의 장르는 달라야 한다. 따라서 이 질문에 대한 답이 바로, 강사들의 컨텐츠이자 스킬이다.

강사는 강의를 하는 사람이다. 단순히 지식을 이입하는 것을 넘어서, 가치관을 바꾸고, 의식을 성장시키는 일을 하는, 아니, 할 수 있는 사람들이다. 따라서 일반적인 지식의 주입을 목적으로 하는 사람들과는 그 결이 다르다. 물론, 최근에는 지식의 주입을 목적으로 하는 사람들도 강사들의 스킬을 발전 및 진화 시키며 모두가 발빠르게 역량을 업그레이드 중인 것이 현실이다.

강사에게는 본인의 강의가 하나의 작품이다. 그저 한두 시간 떠들면 날

아가 버리는 시간이 아닌, 누군가에게는 귀감이 되고, 누군가에게는 울림이 되는 감동과 몰입의 시간이다. 그렇기 때문에, 한 시간의 강의일지라도, 일주일을 고민하며 교안을 만들고 고치고 하는 것이 아닌가. 강사의 말을 들을 예비 청중들을 생각하며, 그 설렘의 순간을 오롯이 감동으로 전달하고자 강사들은 노력한다. 그리고 고민한다. 어떻게 하면 강의를 더 잘 할 수 있을지에 대해서.

하지만 강의를 잘하는 것은 강사의 시점이다. 중요한 것은 강사의 마음이 청중에게 잘 전달되는 것이다. 따라서 강사의 강의에 청중을 온전히 몰입시키는 것이 매우 중요하다. 질문을 바꿔 보면, '어떻게 하면 내 강의에 청중을 몰입하게 할 수 있을까?'로 바꿔서 답을 찾아야 할 것이다.

청중이 내 강의에 몰입하게 하는 가장 중요한 스킬은 바로, '목적설정'과 '감성표현'을 꼽을 수 있다. TV에서 방영한 여러 오디션 프로그램들을 보면 몰입의 중요성을 더 인지할 수 있다. 노래, 연기, 강의 등 짧은 시간 자기 자신을 보여주는 오디션이지만, 오디션에 참여하는 사람들은 그 짧은 시간에 모든 것을 쏟아낸다. 그들이 쏟아부은 것은 그들만의 작품이 되며 포트폴리오가 된다. 그리고 평가자들을 이들의 작품을 평가하고, 이들은 그렇게 발전하고 성장하며 기회를 잡게 된다.

여기서 중요한 점은 바로 평가다. 어떤 점이 뛰어나다는 칭찬을 시작으로 평가자들의 피드백이 이어지며, 부족한 점과 개선점을 마무리로 평가는 끝이 난다. 오디션 참가자들은 본인의 작품을 만드는 목적을 평가자들에게 관철시켜야 한다. 이 관철의 성공은 곧, 기회다.

모두를 갸웃거리게 하는 피드백 중 하나가 바로 이런 피드백일 것이다. "정말 잘하시네요. 정말 잘해요. 그런데 뭔가가 부족해요. 노래는 정말 잘하세요."

호평인지, 혹평인지 모를 이런 아리송한 피드백은 모두를 당황스럽게 한다. 그렇다면 이런 피드백은 어떤 의미일까. 바로 목적을 모르겠다는 표현이다. 오디션 참가자는 '저 노래 진짜 잘해요.'를 강조하고 싶었을 것이다. 그렇기에 그런 피드백을 받게 되었을 가능성이 크다. 노래는 여러모로 완벽에 가까웠을 것이나, 중요한 것은 우리는 완벽한 노래를 듣고 싶어 하는 것이 아니라는 점이다.

반면 다른 오디션 참가자의 경우, 노래 한 마디, 한 구절에 감성이 녹아들어 마음이 저릿하고, 청중들의 눈물샘을 자극하거나 벅찬 느낌으로 소름이 끼치기도 한다. 솔직히 말해서, 이런 경우에는 심사 자체가 불가하다. 심사위원들은 본인들의 마음을 추스르느라 바쁘다. 이 심사에서 오디션 참가자의 목적은 '저 노래 잘해요.'가 아닐 것이다. '이 노래의 감정을 오롯이 느끼게 해 드리겠습니다.'가 맞는 목적일 것이다.

강사 또한 그렇다. 물론, 기본은 충실해야 한다. 아무리 감성이 중요하다고 할지라도, 기본적인 스킬이 안된다면 몰입을 깨는 방해요소가 늘어날 뿐이다. 하지만, 충실한 기본기를 바탕으로 몰입을 위한 감성이 투입하여 갈고 닦는다면 이는 반드시 청중 모두를 감동시킬 수 있는 강의의 초석이 될 것이다.

몰입력있는 강의 스킬을 위한 Tip!
첫째, 강의의 목적을 명확하게 설정하여 전략적으로
강의를 기획하는 것이 중요하다
둘째, 감성표현의 요소를 넣어서 강의를 하나의 작품으로서
승화시켜야 한다.
셋째, 포인트가 되는 요소에 표현력을 극대화하면 강의가 맛있어진다.

이쯤 되면, 모두들 '그래서 몰입력 있는 강의를 위해서는 어떻게 해야

하는가?'라는 구체적인 답을 얻고 싶어 한다. 정리하면 기본에 충실한 상태에서의 '감성의 표현과 전달'이다. 물론 교육생들 앞에서 강사가 항상 광대나 배우, 가수가 될 필요는 없다. 하지만, 나의 강의를 위해서라면, 나의 메시지를 교육생들에게 전달하기 위해서라면 때로는 광대가, 배우가, 가수가 될 준비 자세 정도는 갖춰야 한다는 의미다.

그렇다면 강의에 감성을 불어 넣기 위해서는 어떻게 해야 할까. 모든 작품에는 전략이 있고 클라이막스(climax)가 있다. 강사는 강사이지, 배우나 가수, 광대가 아니다. 따라서 강의를 맛있게, 몰입력있게 하기 위해서는 배우, 가수, 광대의 요소들을 포인트로 쓸 수 있어야 한다. 이렇게 포인트로 사용된 강사의 감성 커뮤니케이션은 누군가의 말을 인용하거나, 상황에 빠져들게 할 때, 굉장히 좋은 무기가 될 수 있다.

여기서 중요한 포인트는 바로 전략과 클라이막스, 그리고 포인트다. 그 포인트에 대한 감성을 놓치면, 표현은 부담이 될 수 있고, 방해요소로서 전락해 버릴 수 있기 때문이다. 하지만, 포인트를 잘 살린 감성 커뮤니케이션은 청중을 강의에 몰입시키는 것을 넘어서, 오로지 '나만이 할 수 있는 강의'로서 강의 품격을 높혀 줄 수 있기에, 감성 커뮤니케이션은 프로강사로서 스킬업을 원한다면 반드시 갖춰야 할 능력이라고도 할 수 있다.

전략적인 트레이닝으로 연출력과 연기력을 강화하자

그렇다면, 나의 강의를 하나의 작품으로 만들기 위해서 어떻게 트레이닝을 해야 할까? 가장 처음으로 해야할 것은 바로 '진단'이다. 내가 나의 강의를 듣고 싶은지에 대한 답부터 찾아야 한다. 그러기 위해서는 스스로의 모습을 볼 수 있어야 한다.

스스로의 모습을 모니터링 하는 방법으로는 여러 가지가 있다. 그 중에서도 녹화를 통한 모니터링 방법은 언어적인 표현과 비언어적인 표현 모두를 볼 수 있는 매우 좋은 방법 중 하나이다. 스스로의 강의를 녹화하여 모니터링한 뒤, 밋밋하거나 강조가 필요한 부분을 잡아내야 한다. 포인트는 바로 그것이다. 물론, 모니터링을 통해 습관어를 교정하거나 안 좋은 태도를 교정하는 것은 기본이다.

그렇게 모니터링을 통해 '진단'의 첫 관문으로 포인트가 필요한 부분을 인지했다면, 그 다음엔 어떻게 포인트를 줄 지에 대한 '고민'과 '전략'이다. 노래, 연기, 연출 등 포인트마다 필요한 전략이 다를 것이다. 여기서 중요한 것은 바로, 이러한 전략들이 결코 방해요소가 되면 안된다는 점이다. 너무 과한 호흡이나 제스쳐, 연기는 오히려 교육생들을 부담스럽게 할 가능성이 매우 크며, 강사의 이야기를 방해하고 거북하게 하는 요인이 될 수 있기 때문이다.

이렇게 어떤 포인트를 맛있게 만들 것인지에 대한 진단을 통해 어느 정도의 전략을 수립했다면, 바로 '시도'하는 것이다. 무턱대고 교육생들 앞에서 하라는 소리는 절대 아니다. 연습과 반복, 리허설을 거쳐서 교육생들 앞에서

'런칭'을 하는 순으로 보면 된다.

　　나의 경우, 배우들이 가진 흡입력과 몰입력을 동경했다. 순식간에 청중들을 몰입시키고, 그들의 이야기를 귀울이게 만드는 아우라(?)를 닮고 싶었다. 그래서 연기를 배우고자 했고, 사회인 극단에서 극을 올리기도 했다.

　　실제로 연극 연습을 하면서 배우고 느낀 것은 이루 말로 다 표현하기 힘들 정도다. 특히 연출과 스킬에 대한 부분은 정말 매력적인 부분이다. 연극 연습 시, 단장은 스킬과 감정을 중심으로 배우들을 지도한다. 하지만, 연출은 상황과 흐름을 중심으로 배우들을 이끈다. 생각해 보라고 하고, 느낀 감정을 공유하면서 서로 합을 맞춰 나간다. 그렇게 배우들은 서로의 눈빛으로 합을 맞추며 하나의 작품을 완성 시킨다.

　　정신없이 바빴지만, 이동하는 차에서 대본을 외웠고 감정 연습을 했다. 완벽까진 아니어도, 완성을 위해 최선을 다했다. 그 결과 공연은 성공적이었고, 다소 어려울 수도 있는 내용이었지만, 관객들의 눈물샘을 자극하며 호평으로 마무리 할 수 있었다.

　　이렇게 쏘아올린 작은 용기와 도전으로 인하여 강의 자체의 격이 올라갔으며, 재미요소와 웃음 포인트가 많아졌다. 교육생들의 웃음과 재미는 강사에게 에너지이기에, 선순환의 구조를 통해 강의 자체를 에너지원으로 만들어 낼 수 있었다.

　　모두에게 나처럼, 극단을 경험하라는 소리는 절대 아니다. 다만, 스스로의 강의에 대해 진단과 고민이 끝났다면, 거기서 멈춰 있으면 안된다는 소리를 하는 것이다. 수많은 강의를 다니면서, 어느 순간 느낀 목마름의 시간은 반드시 채움으로서 업그레이드 할 수 있어야 한다.

물론, 갈증과 부족함을 느끼고 무엇인가를 하고자 마음을 먹은 것 자체가 이미 더 나은 강사로서의 자질이며, 태도다. 그렇기에, 몰입도 있는 강의를 위해서는 단순히 컨텐츠만 늘리는 형식의 레벨업이 아닌, 강의의 깊이를 더할 수 있는 트레이닝이 필요하다.

연기력과 연출력의 경우, 다양한 방식이 있다. 나처럼 극단에서 경험을 하는 방법도 있고, 스터디나 학원을 활용하는 방법도 있다. 중요한 것은 벤치마킹하고자 하는 분야를 정말 제대로 경험할 수 있어야 한다. 끝까지 배우가 되거나 연출가, 가수가 되라는 소리는 결코 아니다. N잡러 시대에 그런 재능이 있다면 또 다른 직업으로서 그 가치를 찾아도 상관은 없지만, 직업까지 아니더라도 제대로 된 트레이닝과 경험을 통해 나만의 스킬로 가져오라는 뜻이다.

나의 극단에서의 경험은 내 스스로에게도 용기와 도전이었지만, 주변의 많은 사람들에게도 귀감이 되었다. 강사활동을 하는 지인은 나의 연극을 본 후, 첼로를 배우기 시작하였으며, 회사원인 친구는 공부를 시작했다.

보통은 이러한 트레이닝이나 자기계발을 바쁘다는 이유로 미루는 경우가 굉장히 많다. 하지만 몰입을 위한 강의를 위해서는 트레이닝 또한 전략적으로 할 필요가 있다. 자기계발은 남는 시간에 하는 것이 아니라, 시간을 만들어서 할 수 있어야 한다.

또한, 몰입력있는 강의 스킬로, 연출력과 연기력에 대한 이야기를 많이 한 이유 연출력은 강의를 집중시키는 능력을 배양할 수 있으며 연기력은 강의를 맛있게 할 수 있는 능력을 배양할 수 있기 때문이다. 앞에 설명한 것처럼 연출가들은 스토리텔링과 그 흐름을 강조를 한다면 연기력을 코칭하는 사람들은 스킬과 빠른 대처 능력, 임기응변과 합을 강조 하기 때문에 전략적인 트레이닝으로 연출력과 연기력을 강화한다면, 재미있으면서도 몰입력 있는 강의를 하는 강사로 성장할 수 있을 것이다.

강사 혼자만 매몰되면 안된다

처음 강의를 시작할 때 느꼈던 그 설렘을 아직도 기억한다. 교육생들의 반짝이는 눈을 보며 떨리지만 설레는 마음으로 강의를 이어 갔던 기억이 아직도 생생하다. 그렇게 강의는 행복하기만 할 줄 알았다. 이 또한 나의 오만이자 오산이었다는 것을 알게 된 것은 강의를 한 지, 얼마 되지 않은 어느 날이었다.

군에서 정훈장교를 지냈던 나에게 교육은, 나를 반짝반짝 빛나게 해 주는 시간이자, 심장이 가장 두근거리는 시간이었다. 그렇게 활발하게 교육을 다니던 중, 학교에 교육을 가게 되었는데, 함께 간 장병이 나의 강의 모습을 촬영한 일이 있었다. 항상 잘한다는 소리만 들으며 교육을 다녔던 터라, 자신감과 자부심은 하늘을 찔렀었다. 장병이 촬영한 나의 강의 영상을 보기 전까지는 말이다.

나의 강의 영상을 처음 본 그 순간은 이루 말할 수 없는 부끄러움으로 가득했다. 정신없는 시선, 빠른 말투, 구부정한 자세 등 정말 어느 것 하나 잘하고 있는 점이라고는 눈을 씻고 찾아봐도 찾을 수가 없었다.

나는 그때를 새기고 또 새겼다. 그때 느낀 부끄러운 감정을 잊지 말자고 다짐하고, 또 다짐했다. 그렇게 부끄러웠던 첫 강의 모니터링 이후, 나의 강의는 조금씩 달라졌다. 가장 많이 달라진 것은 나만의 세계에만 빠져서 강의하는 오류를 범하는 것을 가장 경계했다.

이때만 해도, 내가 나의 강의에 무아지경으로 빠져서 몰입하면 재미있겠지라는 생각이 지배적이었다. 실제로 이 당시, 강의를 한 후에는 화끈거리는 열정적인 마음만 남을 뿐, 강의 내용은 잘 생각나지 않았다. 따라서 어떤 부분을 보완할지, 어떤 강의 스킬을 더 개발할지에 대한 생각은 당연히 할 수 조차 할 수 없었다.

이 당시 나는, 강의에 몰입한 것이 아닌, 강의하는 내 스스로에게 매몰된 것이었다. 몰입은 말 그대로, 일과 본인이 동화되는 현상이다. 나아가 이러한 동화로 인해 발전을 하고 시너지를 내는 것을 말한다. 반면 매몰은 완전히 묻혀 그 곳에 나 스스로의 모습은 없어지는 것을 의미한다.

따라서 강사는 혼자만 강의에 매몰 되어서는 안된다. 어떤 가수는 눈물 한 방울 흘리지 않고 노래로만 청중을 울리게 한다. 반면 어떤 가수는 단 한 명의 공감도 불러 일으키지 못하고 혼자만 눈물을 흘린다. 여러분이라면 어떤 가수에게 감동했다고 박수를 칠 수 있겠는가? 매몰과 몰입은 바로 이러한 차이라고 볼 수 있다.

강사 혼자 스스로의 강의에 매몰이 된다면 청중의 강의 몰입에 방해가 될뿐더러, 피드백을 듣는 '귀' 또한, 어둡게 한다. 따라서 본인의 강의에 매몰된 강사들은 긍정의 피드백만 받아들이며, 부정적인 보완해야할 피드백은 가볍게 무시하는 오류를 범하기 쉽다.

따라서 강사라면, 혼자서만 매몰되기보다는 청중을 강의에 몰입시켜 교감할 수 있어야 한다. 이러한 교감은 청중을 감동시킬 것이며, 강사 또한 청중의 말을 들을 수 있는 귀를 갖게 될 것이고, 이를 통해 발전하고 성숙할 수 있는 강사로서 거듭날 수 있을 것이다.

관찰과 관철의 시너지가 바로 몰입이다

강사가 스스로의 강의에만 매몰되지 않기 위해서는 '귀' 뿐만이 아닌, '눈'도 열어 둘 수 있어야 한다. 눈과 귀가 열린 강사는 청중과 소통할 수 있으며, 혼자 판단하거나 오해하지 않는다.

강사 혼자의 판단과 오해는 강의의 몰입을 방해한다. 그렇기에 눈과 귀를 열고, 강의와 관찰을 동시에 진행시켜 끊임없이 청중과 소통할 수 있어야 한다.

일반적으로 소통이라고 하면 묻고, 답하는 언어적인 것에만 국한되기 쉽다. 하지만, 비언어적인 소통도 간과해서는 안되며, 비언어적인 표현이야말로 잘 관찰하여 대처할 수 있어야 한다.

나는 강사를 꿈꾸는 사람들을 대상으로, 여러 번의 강사양성과정을 맡아 강의를 진행했다. 대부분의 교육생들은 교육에 대한 의지가 대단했고, 이러한 교육의지는 강사에게 대단한 열정을 불러 일으켰다. 그러던 어느 날, 기존 강사활동을 하는 강사들을 대상으로, 역량강화 강의를 해 달라는 의뢰를 받았다. 동료이자 선후배인 강사들과 함께 한다는 사실에 나는 설레는 마음으로 강의를 준비했다.

그렇게 첫 강사 역량강화 강의 날, 매끄러웠던 나의 강의에 브레이크를 거는 교육생이 있었다. 삐딱하게 앉은 자세, 게슴치레하게 뜬 눈, 자세와는 달리 화려하게 차려입은 정장까지, 누가 봐도 활발하게 강의 활동을 하는 강사임은 이미지상으로 틀림이 없는데, 모범적인 교육생으로 보여지지는 않았다.

처음에는 최선을 다해 그 교육생에게 다가가고자 했다. 그리고는 점차 불안해 지기 시작했다.

'내가 못마땅한가?'
'나의 강의가 못미더운가?'
'내 강의가 마음에 안드나?'
'내가 어려서 무시하나?'

점차 나는 내가 집중을 못한다는 사실을 인지하고는 정공법을 택하여 그 교육생에게 다가갔다. 쉬는 시간, 자연스럽게 다른 교육생들과 소통하며 그 교육생에게 말을 걸었다.

"안녕하세요~ 혹시 어떤 강의하시는지 여쭤봐도 될까요?"
"어디 불편한 곳 있으신 말씀 주세요. 최대한 도움 드릴 수 있는
부분으로 연구하여 답 드릴 수 있도록 하겠습니다."

나의 이러한 정공법의 소통은 제대로 먹혀 들어갔다. 그 교육생이 삐딱하게 앉은 이유는 허리 통증 때문이라는 사실을 알게 되었고, 게슴치레하게 눈을 뜨고 나를 바라본 이유는 안경을 갖고 오지 않아 앞이 제대로 보이지 않아서라는 사실까지도 알 수 있었다.

강사라고 하여, 교육생들의 모든 비언어적인 행동을 염탐하고 확인하라는 것은 결코 아니다. 하지만, 교육생들이 하는 '말' 이외의 것들도 캐치할 수 있는 여유가 있어야 한다는 소리다. 교육생들이 하품을 하거나, 몸을 조금씩 많이 움직이거나 하는 비언어적인 요소들을 통해 강의가 지루하거나 늘어

지는 포인트를 확인할 수 있으며, 교육생들의 숨소리나 탄식을 통해 강의에 대한 부담과 이를 보완할 수 있는 방안을 강구할 수 있다.

정리하자면, 청중을 내 강의에 몰입시키기 이해서는 집중 요소를 강화하고, 방해 요소를 제거해야한다. 집중요소와 방해요소를 정리하면 아래와 같다.

집중요소
— 강사의 특장점(각자마다 다른 매력)
— 포인트를 살릴 수 있는 역량(연기, 연출 등)

방해요소
— 강사의 시각과 청각을 빼앗는 모든 것
— 강사의 강의를 불편하게 하는 모든 것

물론, 이는 누구나 할 수 있는 말일지 모른다. 하지만 제대로 확인하여 실천에 옮길 수 있는 강사는 많지 않다. 몰입력 있는 강의를 위해서는 끊임없는 점검과 확인, 변화와 시도를 할 수 있어야 하며, 교육생들과도 다방면으로 소통하며 교육 본연의 메시지도 관철시킬 수 있어야 한다.

모든 강사들의 강의하는 그 순간만큼은, 교육생들과 소통하며, 인생 최고의 열정과 행복을 누리길 진심으로 바라며, 이 순간도 강의안을 위해 고민하고 연구하는 강사들을 응원한다.

에필로그

강사, 단어 그 자체만으로도 굉장한 설렘을 주는 말이다. 몸 안에 흐르는 뜨거운 에너지를 내 강의에 온전히 쏟아내고 난 뒤의 희열은 감히 말로 형언할 수 없다. 강사는 지식, 지혜를 넘어서 에너지를 공유하는 사람이다. 그렇기에 끊임없는 채움과 경험의 루틴은 강사의 운명이자 숙명이다.

지금 강사로 활동하고 있다면 채울 여유가 없을 것이다. 항상 바쁘고 정신이 없을 것이다. 하지만, 그런 이유라면 여유가 있어도 채울 시간은 만들 수 없을 것이다. 모든 역사는 바쁠 때 이루어진다. 시간을 아끼고, 만들어 하루를 25시간으로 살 수 있는 지혜와 용기가 필요하다.

강의를 시작하려는 신입 강사의 경우, 경험을 통한 채움이 필요하다. 희망과 불안함 사이에서 막연한 채움은 그 어떤 발걸음으로도 표출될 수 없다. 따라서 강의를 통해 부딪히고, 경험을 쌓으며 채울 수 있어야 한다.

나는 모든 강사들이 행복하게 강의하길 바란다. 스스로에게 도취되어 혼자만 행복한 강의가 아닌, 강사와 교육생을 포함한 모두가 그 시간은 행복으로 소통하고 교감할 수 있는 강의이길 간절히 원한다. 그러기 위해서는 많은 노력과 열정이 필요할 것이며, 다양한 강의에 대한 벤치마킹과 경험이 뒷받침 되어야 할 것이다.

시크릿 강의 스킬의 몰입 스킬은 이런 간절한 마음을 담아 집필한 부분이다.

모든 강사들이 몰입력 있는 강의로, 교육생들의 머리보다는 가슴에 깊이 남을 수 있는 강사로 자리매김하길 진심으로 바라본다.

저자 소개
신윤형 | 몰입을 위한 강의 스킬
커뮤니케이션, 스피치, 전달력, 표현력, 교수법

문화예술학 박사
전략커뮤니케이션(스피치토론) 석사
커뮤니케이션, 스피치, 전달력, 표현력, 교수법 등

syh8737@hanmail.net

    문화예술학 박사, 전략커뮤니케이션 스피치토론 석사로, 꿈을 현실로 이룰 수 있도록 많은 사람들을 코칭하고 있다. 정훈장교 출신으로 다양한 기업의 교육담당자로서의 역량을 바탕으로 스피치 스킬, 면접 및 프레젠테이션, 서비스 마인드, 교수법 코칭, 강의설계, 취업 및 진로 등 교육과 코칭을 활발하게 진행하고 있다.

    한국교육컨설팅개발원, 경기도일자리재단, 의정부영상미디어센터 등 다양한 기관에서 스피치 및 강사양성과정을 진행하였으며, 세명대, 용인송담대, 대진대 등 학교기관에서 진로 및 커뮤니케이션 특강을 진행하였다.

    저서로는 '명강사스피치스킬', '신윤형의 성공하는 win-win 스피치', '4인 4색 휴먼스토리', '죽기 전에 꼭 하고 싶은 것들3', '그녀들의 인생특강', '스피치노트' 등이 있으며, 지금도 활발하게 집필활동을 이어가고 있다.

NOTE

Secret Lecture Skills

시크릿 강의 스킬

초판 1쇄 인쇄 2023년 7월 4일
초판 1쇄 발행 2023년 7월 11일

지은이   김소율, 방지현, 오민경, 유별아, 이수진, 이알리시아, 임주은, 최예진, 한똘기, 신윤형
기 획   신윤형
발행인   신윤형
발행처   도서출판 킹덤
등록일   2019년 1월 30일
주 소   경기도 고양시 일산동구 풍동 숲속마을로 65, 302-203
전 화   010-8895-6978
메 일   syh8737@daum.net

이 책의 저작권은 지은이와 도서출판 킹덤이 소유하고 있습니다.
저작권법에 의하여 보호 받는 저작물이므로 무단 전제와 무단 복제를 금합니다.

ISBN 979-11-89329-09-9 (03370)